마흔이
되기 전에
명상을
만나라

마흔이 되기 전에 명상을 만나라

직장인을 위한 명상 입문서

명상하는 변호사 최순용의

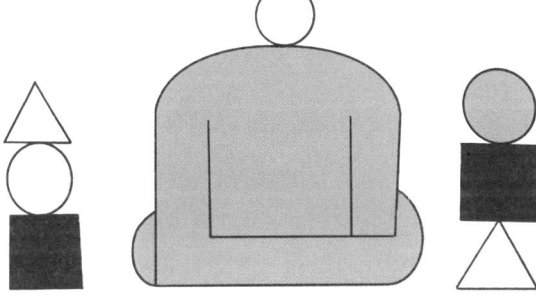

최순용 지음

수오서재

들어가며

삶의 모든
흐린 날과

맑은 날에
명상을

명상하는 사람은 아름답다. 명상은 자신에게 줄 수 있는 가장 좋은 선물이다.

이 책은 명상을 처음 만나거나 명상에 대해 보다 명확한 이해를 하고자 하는 분들을 위한 지침서이다. 누구나 무언가를 처음 만나는 때가 있다. 나 역시 명상을 처음 만난 때가 있었다. 명상에 대해 아무것도 모르던 지점에서 출발해 열정적으로 파고들기도 했고, 조금 시들해지는 때도 있었으며, 무수한 시행착오를 겪었다. 하지만 그간 평온한 마음으로 나의 인생과 직업에 충실할 수 있었던 건 분명 명상 덕분이었다. 이런 점에서 나 스스로를 행운아라고 생각한다. 그간의 명상 경험을 통해서 명상이란 과연 무엇인지,

어떤 방식으로 해야 어떤 결과를 얻는지를 이제 다른 사람들에게 전달할 수 있게 되었다.

명상은 인류 역사와 함께해온 일종의 고전에 속하는 문화이지만, 일반인들이 실제 일상생활에 적용하여 함께할 수 있게 된 것은 비교적 최근의 일이다. 명상의 역사가 오래된 관계로 그간 전통적인 말로 설명해왔기 때문에 현대를 사는 우리가 접근하기에는 다소 어려운 면이 있었다. 어떻게 하면 명상의 핵심을 현대인들이 쉽게 이해할 수 있는 말로 설명할 수 있을지가 오늘날 명상계의 숙제이다. 아무리 좋은 말이라도 정작 듣는 사람이 이해하지 못한다면 무슨 소용이 있겠는가. 이것은 명상가로서 나에게 주어진 과제이기도 하다. 이 책 역시 그러한 노력들 중 하나다.

명상에 관한 34개의 이야기들로 책을 구성했다. 기초적이고 쉬운 것부터 시작해서 좀 더 깊이 있는 내용으로 흘러, 누구나 이 흐름을 따라서 읽어나가다 보면 명상에 대한 기본적이고 핵심적인 이해가 생길 수 있도록 썼다. 하지만 각각이 완결적인 이야기들이므로 반드시 순서에 따라 읽을 필요는 없고, 편한 마음으로 순서에 상관없이 눈과 손이 가는 대로 읽어도 좋다.

각 장의 끝부분에는 명상과 관련된 개인적인 체험담을 실었다. 어떻게 명상을 만나게 되었고, 명상을 통해 실제로 어떤 도움을 받았으며, 어떤 지혜를 얻었는지 최대한 가감 없이, 실제 있었던 사실과 느끼고 생각했던 점들을 솔직하게 이야기하려 노력했다.

책을 읽는 독자들은 알게 되겠지만, 책의 내용과 말하는 방식이 기존의 명상 서적과는 조금 다르다고 느낄 것이다. 명상은 무엇보다 세상을 바라보는 시각을 근본적으로 바꾸는 일이라는 점을 말하고 싶다. 명상은 내가 처한 현실에서 대상들을 바꾸려고 애쓰는 게 아니라 세상의 모든 일과 사람들을 대하는 나의 자세를 바꾸는 것이다. 그렇지 않고서는 진정한 내적 변화는 일어날 수 없다. 또, 명상은 현실로부터의 도피가 아니라 오히려 현실에 적극적으로 뛰어드는 행위라는 사실을 강조하고 싶다. 명상은 구체적이고 현실적인 생활에 도움이 되는 행위이고, 그런 행위가 되어야만 한다. 우리는 명상을 통하여 충분히 현실적이면서도 영적인 생활을 함께할 수 있다.

종교와 상관없이 누구나 수긍할 수 있고, 납득할 수 있도록 쉽게 풀어 썼다. 그럼에도 불구하고 혹시 이해가 잘 되지 않는 부분이 있다면 그건 순전히 나의 잘못이지, 이 책을 읽는 당신의 잘못이 아니다. 왜 명상을 해야 하는지, 명상이 삶에 어떤 도움을 주는지, 명상은 결국 인생의 모든 것에 관한 이야기라는 사실을 이해하길 바란다. 이 책을 통해 명상을 실행하고, 삶의 모든 맑은 날과 흐린 날 가운데 명상과 함께하는 인생을 살아가게 된다면, 더할 수 없는 보람일 것이다.

　한 권의 훌륭하고 멋진 책으로 엮어준 수오서재 황은희 대표님, 현명하고 세심한 교정을 해준 박세연 편집자님과 명상적인 그림으로 책에 영감을 더해준 김경주 작가님의 노고에 깊이 감사드린다.

　인생의 전환점은 절대로 팡파르를 울리면서 오지 않는다. 사소해 보이는 만남이 인생의 전환점이 되는 건 오로지 그것의 가치를 알고 실행하는 사람의 몫이다. 길은 보여주는 것으로 충분하다. 실제로 그 길을 걸을지는 전적으로 본인에게 달려 있다.

　그러니 명상과 친해지길 바란다. 명상이 인생 최고의 동반자가 되기를, 그래서 명상을 할 수 있는 건강한 몸과 마음을 준 부모님과 명상할 수 있는 여건을 만들어준 세상에 대하여 깊은 감사함을 느끼게 되기를!

차례

들어가며

삶의 모든 흐린 날과 맑은 날에 명상을 4

제1장 명상, 현재에 머무는 기술

명상, 굳이 왜 해야 할까? 14

집중력과 안정감 20

마음챙김 28

몸 알아차리기 34

느낌에 대한 마음챙김 42

생각은 내 것이 아니다 48

긴장과 이완 56

에세이 1 어두운 반지하방 아래에서 64

제2장 알아차리면 변화한다

    수용하는 마음이 되어라 74

    세상을 아는 문 80

    걸으면서도 명상할 수 있다 86

    숨을 알아차리자 94

    먹으면서 명상을 100

    화를 어떻게 대해야 할까 106

    인생은 균형 잡기 114

    에세이 2 109호 검사실 122

제3장 모든 삶이 스승이고 수업이다

    내 마음도 내 것이 아니다 132

    바른 말 바른 행동 138

감사하는 마음이 천국이다 144

일상에서 명상하기 152

인생이라는 학교 160

자애명상 166

습관의 힘 174

에세이 3 다른 사람의 인생을 들여다보는 일 180

제4장 진정한 자유인이 되려면

생각 바라보기 188

지혜로운 사람 194

누가 진정한 자유인인가 200

호기심과 즐거움 206

시간이 인생이다 212

가벼운 마음 218

올라간 만큼 내려가야 한다 224

에세이 4 진짜 성공에 이르는 방법 230

제5장 현실로 뛰어들기

세상을 보는 눈 238

판타 레이 244

보고, 알고, 행동하기 250

진정한 변화 256

지혜로운 말을 하라 262

친절함에 대하여 268

에세이 5 매일 더 지혜로워진다 276

제1장

명상,
현재에

머무는
기술

명상,
굳이

                    왜
                    해야 할까?

요즘 명상 열풍이 참 대단하다. 몇 년 전만 해도 명상이라고 하면 세상으로부터 도피하려는 사람들이나 하는 특이한 행위로만 여겨지던 것이 요즘은 힐링 수단으로 받아들여지고 있다. 명상은 동양의 것이라고 생각했는데 서구에서 명상에 더 열광하는 모습이 신기하게 보이기도 한다. 명상이 이렇게 전 세계적으로 널리 퍼진 것도 아마 인류 역사상 처음 있는 일이 아닐까.

필자인 나는 검사와 변호사로 일하기 훨씬 전인 20대 초반부터 명상에 관심을 가졌다. 그 후 30년 이상, 명상이 마음에 주는 좋은 효과들로 비교적 안정되고 행복한 삶을 살아왔다. 그동안 명상을 통하여 얻게 된 마음의 평화가 나에게 얼마나 큰 도움을 주었는지 너무나 잘 알고 있기 때문에 지금부터 최대한 쉽게 명상 이야기를 해보려고 한다.

명상에 관한 이 글을 읽는 누군가는 "뭐 가뜩이나 복잡한 세상에 굳이 명상까지 해야 할 필요가 있을까? 그냥 되는 대로 마음 편히 살면 되는 거 아냐?"라고 내심 반문할 수 있다고 생각한다. 한편으로는 맞는 말이다. 처리를 기다리고 있는 일들은 잔뜩 쌓여 있고, 잠도 부족한데, 어느 세월에 다리를 꼬고 앉아서 명상을 할 수 있을까? 명상은 돈을 많이 벌어 놓고, 가진 것이라고는 시간밖에 없는 한가한 사람들이나 하는 일종의 오락처럼 보인다.

    그러나 매일을 살아가며 누구나 한 번쯤은 마음 깊은 곳에서 이런 생각들이 떠올랐을 것이다. '이렇게 사는 데에 무슨 목적이 있는 걸까?', '이렇게 사는 것이 과연 행복으로 가는 길일까?', '결국 모두 의미 없는 것 아닐까?' 같은 생각들. 모두 겉으로 표현하지 않을 뿐 누구나 인생에 대한 다소의 불안감과 불만족스러움을 갖고 살아간다. 원치 않는 생각들로 인해서 지금 자신이 집중해야 할 일에 제대로 집중하지 못하기도 한다. 그런데 그 생각이라는 것은 억누르려고 하면 할수록 줄어드는 것이 아니라 더 커져서 생활에 지장을 주기도 한다. 이런 문제들은 정도의 차이가 있을 뿐 누구나 맞닥뜨리게 되는 삶에 대한 본질적인 고민이다. 그렇지 않은가?

    명상은 이러한 고민들에 답을 준다. 그렇다고 오해는 하지 마시길. 명상은 종교적이고 신비스러운 가르침을 말하거나 신에 대한 믿음을 강요하는 것이 전혀 아니다. 오히려 그 반대다. 그저 우리가 살아가는 방식에 관한 것이다. 우리가 살아가는 방식에 관한 것이라고? 매우 모호한 말이지만, 살아가는 방식, 다시 말하면 숨 쉬고, 걷고, 움직이고, 느끼고, 생각하는 그 모든 것에 관한 이야기다.

"너 자신을 알라"라는 고대 현자의 말이 참으로 위대해 보인다. 하지만 곰곰이 생각해보면 이 말처럼 모호하고 무책임한 말도 없다. 도대체 나 자신의 무엇을, 어떻게 알라는 것인가? 이에 대한 구체적인 대답 없이는 "너 자신을 알라"라는 말은 무의미하다. 그러나 명상에서는 이렇게 말한다. "나 자신을 이루고 있는 나의 몸과 마음이 움직이고 느끼고 생각하는 것을, 지금 여기에서 있는 그대로 그냥 알고 있어라." 나의 삶의 유형을 근본적으로 바꾸려면 우선 지금 있는 그대로의 내 모습을 정확히 보아야 한다. 문제가 무엇인지를 아는 것이 문제 해결의 출발이니, 나의 문제가 무엇인지 알려면 지금 있는 그대로의 내 모습을 정확히 봐야 한다. 선택의 여지가 없다.

우리가 살고 있는 시간은 항상 현재이다. 그런데 대부분의 사람들은 과거나 미래에 대한 생각에 빠져 현재에 있지 못한다. 우리가 실제로 살고 있는 곳은 과거나 미래가 아니라 지금 여기인데 말이다. 그러나 이는 모든 사람들이 가진 특성이니 걱정하지는 말자. 문제는 내 마음이 과거나 미래의 생각에 빠져 있을 때 그 생각에 빠져 있다는 사실을 모른다는 점이다. 자신이 지금 생각에 빠져 있다는 사실을 알아차리면 그것은 현재에 있는 것이다.

생각에 빠져 있는 것과 지금 진행되고 있는 생각을 알고 있는 것은 분명히 다르다. 명상은 과거나 미래가 아닌 현재에, 다른 곳이 아닌 여기에 머무는 기술이다. 지금 여기에 머물게 되면, 과거나 미래라는 짐을 벗어 놓게 되니 몸과 마음이 가벼워진다.

그러니 명상은 추상적이거나 신비적인 어떤 것을 추구하는 것이 전혀 아니다. 오히려 지금 여기에서 나의 모습을 있는 그대로 인정하고 알고 있는 것이다. 당연히 그 모습이 항상 좋은 것일 수는 없다. 때로는 분노일 수도 있고, 질투일 수도 있고, 원망일 수도 있다. 그러나 좋은 감정이든 나쁜 감정이든 그 모든 것이 바로 자기 인생의 일부이다. 명상은 그것이 어떤 것이든 지금 내게 일어나고 있는 것들을 있는 그대로 알아차리고 이해하고자 한다. 이렇게 마음먹고 훈련하다 보면 저절로 관대하고 포용적인 자세를 갖게 되며 평정심을 얻게 된다.

명상은 지금 여기에서의 자신의 모습을 있는 그대로 관찰하고 이해함으로써 개인이 변화하는 것을 목적으로 한다. 오만과 편견이 사라지고 마음이 고요해지고 차분해진다. 그렇기 때문에 인생의 굴곡에 보다 안정적으로 대처할 수 있다. 명상은 긴장과 두려움, 걱정과 불안감을 줄여

주고 격한 감정을 가라앉게 한다.

여기까지 말하다 보니 자연스럽게 명상을 굳이 왜 해야 하는지에 대한 이유가 설명된 것 같다. 그렇다면 굳이 명상을 하지 않을 이유가 없다. 마음의 문제는 눈에 보이는 것이 아니기 때문에 말하는 사람 입장에서는 설명하기 어렵고, 듣는 사람 입장에서는 이해하기 어렵다. 또 각자의 마음 문제이기 때문에 결국 자신의 노력을 통해서 해결해야지 다른 누가 대신 해결해줄 수 없다.

명상은 실행함으로써 체험한다. 이론 설명만을 통해서 그 결과가 얻어지는 것이 아니다. 그 실행과 체험은 각자의 몫이다.

집중력과

                    안정감

일상생활에서 스스로의 마음을 들여다보면, 대부분의 시간을 들떠서 지내거나 산만한 상태여서 일이나 대상에 마음을 두지 못하는 자신을 발견하게 된다. 그래서 명상을 통해서 가장 먼저 얻고자 하는 것은 집중력과 마음의 안정감이다. 따라서 명상의 기초라고 할 수 있는 '집중력'과 '안정감'에 대해 말해보려 한다.

현대사회는 사람을
들뜨고 산만하게 만든다

우리 주변에는 주의를 끄는 것들이 참 많다. 광고들은 팔려고 하는 물건들에 우리의 주의를 끌어가려고 온갖 노력을 다하고 있다. 어디 광고뿐이겠는가? TV, 인터넷, 유튜브, 게임, 복잡한 인간관계 등. 주의를 끄는 것들이 얼마나 더 많아지는지가 문명의 발달 척도라고 해도 지나친 말이 아니다. 우리를 다른 사람들과 비교하게 만들며, 그 비교는 열등감을 자극한다. 비교는 열등감의 다른 말이다.

지난 시절을 돌아보면, 우리가 지금 살고 있는 시대와는 분명히 차이가 있음을 알 수 있다. 주의를 끌어가는 것들이 상대적으로 적었던 만큼 내가 해야 할 일에 더 쉽게 집중할 수 있었다. 집중이라는 면에서 보면 현대사회를 사는 우리는 과거보다 확실히 산만한 생활을 하고 있다.

내가 지금 하고자 하는 일에 집중하지 못하는 산만함은 단지 개인 차원에서 문제를 일으킬 뿐 아니라, 개인의 집합인 사회와 국가 전체의 문제로 이어진다. 산만함으로 인한 문제들은 쉽게 찾아볼 수 있다. 낭비되는 정신적 에너지와 스트레스, 업무의 비효율, 온갖 사고 위험, 인간관계의 불협화음 등등. 집중력은 살아가는 데 있어서 필요한 최고의 덕목들 중 하나이다.

명상은 집중력을 키우고 산만함을 줄여준다

명상은 살아가는 방식에 관한 구체적인 이야기이다. 따라서 우리가 살아가는 데 있어 필요한 집중력을 키우고, 그 반대인 산만함의 문제를 해결하는 것은 명상의 목표 중 하나다. 집중력 없이는 지금 여기를 있는 그대로 객관적으로 볼 수 없고, 인생에 대한 깊이 있는 성찰도 불가능하다.

내가 지금 성찰하려는 대상에 잠시 동안이라도 집중할 수 없다면 어떻게 깊이 있는 성찰이 가능하겠는가? 집중하는 능력은 단지 명상에서만 필요한 능력은 아니다. 학교, 직장, 일상, 종교 생활 등 우리가 살아가는 모든 곳에서 집중력 없이는 발전을 기대할 수 없다. 집중하는 능력은 인생의 모든 곳에서 큰 힘이 된다.

명상에서의 집중에 관해 보다 구체적으로 이야기해보려 한다. 지금 떠올릴 수 있는 대상이 어떤 것이든 그것에 대해 생각해보라. 그 대상은 밝은 빛일 수도 있고, 고귀한 성자 예를 들면 붓다, 예수, 마리아 같은 인물일 수도 있고, 성스러운 자연 광경 예를 들면 장엄한 산맥, 거대한 바다, 깊은 강, 넓은 숲일 수도 있을 것이다. 자리를 잡고 앉아 바람직하다고 생각하는 대상을 계속해서 떠올림으로써 점점 마음속에 그 대상만이 자리하도록 한다. 그럼으로써 더욱 그 대상에 집중하게 되는 것이다. 이를 집중명상이라고 이름 붙일 수 있다. 모든 종교에는 집중명상이라고 할 수 있는 활동들이 있다. 불교에서 하는 염불이나 삼천배가 그렇고, 기독교에서 하는 기도, 천주교에서 하는 묵상 등도 어떤 바람직한 대상을 정해 두고 반복적으로 그 대상에 마음을 가져감으로써 집중을 이룬다는 점에서는 집중명상의 범주 안에 든다고 할 수 있다.

집중명상은
명상의 시작이자 기초이다

집중명상은 대상을 정해두고 그 대상에 반복하여 의식을 가져가는 행위로서 산만함을 없애주고 마음에 안정감을 준다. 마음의 안정감을 얻기만 해도 우리의 생활은 훨씬 부드러워지고 몸과 마음도 가벼워진다. 집중력과 안정감은 차분함의 다른 표현이다. 차분함 없이 들뜬 상태에서는 제대로 된 판단을 할 수 없다.

집중력 또는 집중 상태를 유지하기 위해서 가장 우선해야 할 것은 무엇일까? 집중하려는 대상이 흥미나 호기심을 끄는 것이어야 한다. 전혀 관심을 둘 수 없는 대상에는 오래 집중할 수 없을뿐더러, 인위적이기 때문에 집중을 온전하게 유지하기도 어렵다.

그래서 명상에서는 바람직한 집중의 대상으로 자신의 몸, 그중에서도 호흡을 권장한다. 그동안 살아오면서 자신의 호흡을 집중해서 바라본 적이 있는가? 아마 대부분의

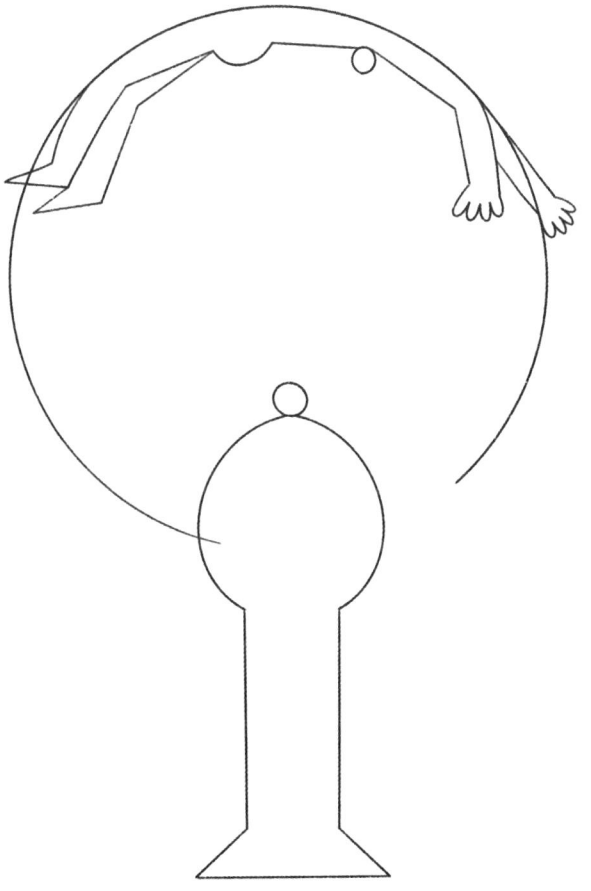

사람들은 단 한 번도 자신의 호흡에 집중해본 적이 없을 것이다. 지금 이 순간 자신의 호흡에 주의를 집중해보기 바란다. 숨이 들어오고 숨이 나간다. 그 느낌이 어떤가. 우리는 태어나자마자 호흡하기 시작해서 살아 있는 내내, 자는 동안이나 심지어 병을 심하게 앓는 중에도 호흡을 한다. 숨을 쉰다는 것은 살아 있다는 징표이자 삶의 원동력임이 분명하다. 그런데 이러한 숨을 집중해서 바라본 적이 없다는 사실은 아이러니다.

호흡은 가장 좋은
집중명상의 대상

이제 구체적으로 호흡을 대상으로 하는 집중명상을 해보자. 여기에 적힌 대로 한번 따라 해보시기를.

① 의자에 편하게 앉아서 몸과 마음을 최대한 이완하고 눈을 감고 입을 지그시 다문다. 심호흡을 길게 세 번 하는데, 코로 길게 들이쉬고 잠시 멈추었다가 입으로 길게 내쉰다.

② 이어서 숨을 자연스럽게 내버려둔다. 가만히 놓아두어도 숨이 알아서 숨을 쉬도록 한다. 지금 이 순간 콧구멍 입구에서 들어오고 나가는 공기의 흐름을 마치 다른 사람의 호흡을 보듯이 알아차린다.

③ 그렇게 내버려두고 숨이 들어오면 '들숨'이라고 이름 붙여보고, 숨이 나가면 '날숨'이라고 이름 붙여본다. 이런 식으로 3분 정도 진행한다.

④ 이번에는 '들숨', '날숨'이라는 이름을 떼버리고 자연스러운 공기의 흐름을 그저 느끼면서 머문다. 숨을 만들어내거나 억눌러서 알아차리지 않도록 한다. 이렇게 3분 정도 진행한다.

⑤ 심호흡을 세 번 한 다음 서서히 눈을 뜨고 깨어난다.

마음

챙 김

앞서 집중력과 안정감이 잘 살아가는 데 필요한 덕목이자 명상의 기초라고 설명했다. 집중력과 안정감은 분명히 좋은 마음 상태이기는 하지만 활기찬 마음 상태와는 조금 다르다. 집중한다는 것은 대상을 정해 놓고 계속해서 의식을 그 대상에 가져가는 행위를 말하는데, 그런 마음가짐만으로는 시시각각 변하는 일상생활에 잘 대처해 나가는 게 곤란해 보인다.

활기차고 역동적인 일상생활에 대처할 수 있는 명상 방법 또는 마음 상태는 무엇일까? 결론부터 이야기하는 것이 좋겠다. 명상을 지탱하는 두 기둥이 있다. 그것은 '집중'과 '통찰'이다. 집중에 대해서는 그 의미와 장점이 이미 잘 전달되었을 것으로 생각한다. 대부분의 명상들은 한 가지 대상을 정해 놓고 집중함으로써 안정감을 키우고자 한다는 점에서는 동일하다고 할 수 있고, 그런 점에서 모두 집중명상이다.

지금 나의 몸과 마음에서
일어나는 것들을 알아차릴 수 있다

이제 말하려고 하는 '통찰'은 설명이 좀 필요하다. 우리가 살아가는 것은 몸과 마음을 움직여서 세상일에 반응하는 것이라고 할 수 있다. 그리고 지금 여기에서 우리의 몸과 마음이 반응하고 있는 것을 알아차릴 수 있다. 이게 무슨 말인가? 내가 걸을 때 걷고 있는지 알 수 있고, 말을 할 때 말하고 있는지를 알 수 있다. 소리를 들을 때 듣고 있는지를 알 수 있다. 몸에서 일어나는 것뿐만이 아니다. 지금 일어나는 나의 감정, 예컨대 불안감, 기쁨, 우울감, 들뜬 감정을 알 수 있고, 지금 일어나는 나의 생각도 알 수 있다. 한 번 해보시기를. 분명히 그렇게 할 수 있지 않은가?

지금 나의 몸과 마음에서 일어나고 있는 것을 알아차리는 걸 '마음챙김'이라 말하고, 영어로 'mindfulness'라고 한다. 서양에서 열풍이 불고 있는 마음챙김 명상이 바로 이것이다. 그리고 순간순간 마음챙김을 함으로써 얻게 되는 마음의 좋은 상태가 바로 '통찰'이다. 통찰은 있는 그대로를 꿰뚫어 보는 것이다.

앞에서 명상의 두 기둥이 '집중'과 '통찰'이라고 했다. 마음의 좋은 성질인 '집중'과 '통찰'은 서로 대립적이면서도 상호 보완적이다. 우선 집중은 정해진 대상에 계속 나의 의식을 가져감으로써 쉽게 안정감을 얻게 해주는 장점이 있다. 그러나 일상생활을 하는 중에 나에게 다가오는 대상은 내가 전부 선택할 수도 없고 수시로 변한다. 그런 상황에서 고정된 대상에 집중한 상태로 일상생활을 하기는 불가능하다. 그러니 일상생활과 함께하기 어렵다는 것이 집중명상의 단점이 된다.

그런데 '통찰'은 '집중'과는 성격이 다르다. 나의 몸과 마음에서 지금 일어나는 것들은 항상 변하면서 한시도 같지 않다. 그것을 있는 그대로 알고 있는 것이 '마음챙김'이자 통찰에 이르는 길이다. 일상생활을 하는 우리의 몸과 마음에서 지금 일어나는 일을 알고 있는 것이 마음챙김이기 때문에 통찰명상은 일상생활과 완전히 함께할 수 있다는 것이 장점이다.

결국 '집중'과 '통찰'은 그 장점과 단점이 서로 반대인데, 그런 점에서 서로 대립적이라고 말하는 것이다. 그러나 두 가지는 서로 보완적이기도 하다. 어떤 순간 나의 몸과 마음에서 일어나는 것을 있는 그대로 알아차리려면 그 순간에나마 집중력이 있어야 한다. 이야기가 조금 복잡해진 것 같지만, 어려울 것 없다. 집중함으로써 마음의 안정을 얻듯이, 마음챙겨 통찰함으로써 얻게 되는 것이 '지혜로움'이다.

마음챙김은 지혜를 준다

지금 나의 몸과 마음에서 일어나는 것을 마음챙겨 아는 것은 지금 이 순간 어떤 일들이 일어나고 있는지 객관적으로 볼 수 있는 안목을 준다. 객관적으로 볼 수 있는 안목은 지혜의 다른 말이라고 할 수 있다. 그렇기 때문에 마음챙겨 사는 사람은 지혜롭다.

이제 마음챙기는 능력을 키워주는 간단한 명상 방법을 따라해보자.

① 의자에 편하게 앉아 몸과 마음을 최대한 이완하고 눈을 감고 입을 지그시 다문다. 심호흡을 길게 세 번 하는데, 코로 길게 들이쉬고 잠시 멈추었다가 입으로 길게 내쉰다.

② 주의를 나의 머리 부분으로 가져간다. 머리 부위에서 지금 일어나고 있는 느낌, 그것이 어떤 느낌이 되었든 가만히 내버려두고 마음챙겨 알아차려 본다. 느낌이 없으면 없는 대로 그것을 알아차린다. 1분 정도 진

행한다.

③ 주의를 목 밑에서 배꼽 위쪽 부위, 즉 몸통으로 가져간다. 배 쪽이든 등 쪽이든 몸통 부위에서 지금 일어나고 있는 느낌을 가만히 내버려두고 마음챙겨 알아차려 본다. 1분 정도 이어간다.

④ 주의를 오른팔 부위로 가져가 1분 정도 일어나는 느낌을 마음챙겨 알아차려 본다. 이제는 주의를 왼팔 부위로 가져가 1분 정도 일어나는 느낌을 마음챙겨 알아차려 본다.

⑤ 심호흡을 세 번 한 다음 서서히 눈을 뜨고 깨어난다.

몸

　　　　　　　　　알아차리기

우리는 세상을 몸으로 살아간다. 몸이 없으면 살아가는 일도 불가능하다. 몸이 더 이상 기능하지 못하는 상태를 죽음이라고 부른다. 그런데 우리는 살아가면서 얼마나 내 몸의 자세와 움직임을 알아차리고 있는가?

내 몸에 집중하여 알아차리는 것이 명상의 기초이다

몸에 대해서 집중하고 알아차리는 것이 마음챙김 명상의 기초이다. 자신의 몸을 마음으로 훑어보는 것으로, 영어로 '바디스캔body scan'이라고 한다. 나도 명상을 항상 바디스캔으로 시작하는데 그 효과는 상상 이상이다. 산란한 마음을 쉽게 가라앉혀 주고 안정감을 키워준다.

우리 몸은 겉면을 피부가 감싸고 있고, 그 안에 근육이나 지방 또는 장기가 있다. 그리고 우리 몸을 가장 안쪽에서 꼿꼿하게 지탱해주는 뼈가 있다. 크게 보아 피부와 살과 뼈 세 가지로 이루어져 있는 것이 몸이다. 이를 명심하고 이제 바디스캔을 해보도록 하자.

① 의자나 편한 곳에 앉아서 눈을 가볍게 감고 몸과 마음을 최대한 이완한 후, 주의를 내 몸으로 가져간다. 눈에 보이지는 않지만 마치 눈으로 보는 듯이, 먼저 피부 수준에서 내 몸을 아래쪽으로 천천히 스캔해본다. 머리를 감싸고 있는 피부를 훑어본다. 두피와 얼굴 전면의 피부, 머리 뒤쪽의 피부를 부드럽게 훑어본다. 다음에는 목의 피부, 가슴의 피부, 배의 피부, 등의 피부, 오른팔과 손의 피부, 왼팔과 손의 피부, 엉덩이를 감싸고 있는 피부를 훑어본다. 오른 다리와 발의 피부, 왼 다리와 발의 피부를 훑어본다.

② 이번에는 다시 살과 근육의 수준에서 거꾸로 내 몸을 스캔해본다. 왼 다리와 발의 근육, 오른 다리와 발의 근육, 엉덩이의 근육, 왼팔과 손의 근육, 오른팔과 손의 근육, 등 근육, 배 근육, 가슴 근육, 목 근육, 머리 부위의 근육을 차례로 훑어본다.

③ 이번에는 다시 뼈 수준에서 아래쪽으로 내 몸을 스캔해본다. 머리뼈, 목뼈, 오른팔과 손뼈, 왼팔과 손뼈, 척추뼈, 갈비뼈, 엉덩이뼈, 오른 다리와 발뼈, 왼 다리와

발뼈를 순서대로 스캔한다. 이제 서서히 눈을 뜨고 안정되고 차분한 마음 상태를 그대로 가만히 유지해 나가도록 한다.

바디스캔은 서두르지 않고 충분하게 한다

이렇게 바디스캔을 함에 있어서는 빨리 진행해서 마치는 것이 목표가 아니라는 점을 명심해야 한다. 한곳에 충분히 머물면서 알아차렸다고 생각될 때, 다음 지점으로 넘어가는 것이 좋다. 그렇다고 억지로 한곳에 머물 필요가 없다는 점도 알아야 한다. 적당한 속도는 본인 스스로 저절로 알게 하고, 그 속도에 맞춰서 스캔을 진행한다. 내 경험에 의하면, 한 번 바디스캔을 하는 데 적어도 10분 이상의 시간이 걸리도록 충분히 해야 마음의 안정과 고요함을 얻을 수 있었다.

이처럼 바디스캔을 충분히 하고 나면 마음이 안정되고 차분해진 느낌을 갖게 된다. 바디스캔을 제대로 했는지를 가리는 기준은 바로 스스로에게 안정된 느낌이 드는지

여부다. 바디스캔이라는 명상 방법의 효과를 가볍게 보면 안 된다. 모든 명상에서 공통적으로 이 방법을 중요하고도 훌륭한 명상 기법으로 권하고 있으니 말이다. 지하철이나 버스를 타고 가거나, 병원이나 식당에서 순서를 기다리고 있을 때, 엘리베이터를 기다리고 있을 때 등 일상생활 가운데 시간이 날 때마다 반복해서 하면 좋다. 그 효과는 해본 사람만이 알 수 있다.

몸 알아차리기를 통해서 자신을 알아간다

이 대목에서 명상에 관한 중요한 조언을 하고 넘어가는 것이 좋겠다. 명상은 아무리 사소해 보이는 방법이라도 실제 실행에 관한 것이지, 관념적인 말이나 설명에 관한 것이 아니다. 스스로 반복해서 실행함으로써만 일상생활에 명상의 효과가 스며들게 할 수 있고, 삶의 변화도 가져올 수 있다. 일상생활이나 삶에 긍정적인 변화를 가져오지 않는, 명상에 대한 '이야기'로만 그친다면 그것은 겉으로 아무리 훌륭해 보여도 결국 말의 잔치에 불과할 뿐이다.

명상은 지금 있는 곳을 떠난 먼 곳에 관한 이야기가 아니다. 지금 현재를 나와 함께 살아가고 있는 내 몸에 대한 바디스캔은 지금 이 순간으로 돌아오는 방법이자 '나'라는 존재에 대한 이해를 키우는 가장 훌륭한 방법이라고 할 수 있다. 그것을 반복해서 실행할 때만이 그 효과와 의미를 알 수 있다.

바디스캔을 하면서 숙달된 몸에 대한 알아차림을 일상생활을 하는 중에도 몸에 대한 알아차림으로 이어지게 하는 것이 중요하다. 걷고, 앉고, 서고, 뛰고, 구부리고, 펴고, 들고, 내리고 하는 등 일상생활 중 나의 모든 몸의 동작을 알아차려야 한다. 일상생활을 하며 몸의 움직임을 계속 알아차리면서 지켜보는 것이 마음챙김 명상의 1차 목표가 되어야 한다. 바로 이것이 "너 자신을 알라"라는 현자의 말에 다가가는 첫걸음이기도 한 것이다.

느낌에
대한

                        마음
                        챙김

'나'라는 존재는 몸과 마음으로 나누어서 볼 수 있다. 몸은 눈에 보이고 손에 잡히기 때문에 그것이 무엇인지 설명하지 않아도 쉽게 알아차릴 수 있지만, 마음이 무엇인지는 쉽게 알기 어렵다. 마음이라고 하면 흔히 몸처럼 하나의 실체로 여기기 쉽지만, 그렇지 않다. 우선 마음의 영역 안에 속하는 느낌이나 생각을 떠올려보면 서로 다른 것임을 알 수 있다.

느낌과 생각은
서로 다른 마음 작용이다

우리가 무엇을 느낄 때, 즉 차갑다, 뜨겁다, 덥다, 춥다, 아프다, 우울하다, 유쾌하다, 배고프다, 배부르다 등등의 경우 모두 어떤 '느낌'들이며, 이는 '생각'과는 다르다. 느낌은 지금 현재 순간에 일어나는 것이지만 생각은 그렇지 않다. 조금 어려운가? 그럼 이렇게 물어보자. 우리가 차갑거나 뜨겁다고 느낄 때, '차갑구나' 또는 '뜨겁구나'라고 굳이 '생각'을 해야지만 비로소 차갑거나 뜨겁다고 느끼는가? 생각하지 않으면 느낄 수 없나? 생각을 하지 않아도 느낌은 그냥 그 순간에 일어나서 느껴진다. 느낌은 내가 생각을 하기 이전에 지금 이 순간에 나에게 일어나는 어떤 것이다. 조금 더 구체적으로 이야기하면, 지금 이 순간은 느낄 수 있을 뿐 생각할 수 없다. 반대로 과거나 미래는 생각할 수 있을 뿐 느낄 수 없다.

명상을 하지 않는 보통 사람들은 느낌과 생각이 서로 다르다는 사실을 인지하지 못한다. 왜 굳이 느낌과 생각을 구별해야 하냐고 반문한다. 흔히 현재를 살아가는 삶이 행복에 더 가깝고, 과거나 미래를 생각하면서 사는 삶은 불행에 더 가깝다고 말한다. 모두 공감할 것으로 본다. 느낌은 지금 이 순간의 일이기 때문에 순간을 느끼는 사람은 자연스럽게 현재를 살게 되지만, 생각은 과거나 미래에 관한 것이기 때문에 생각이 많은 사람은 현재가 아닌 과거나 미래에 살게 되고, 그것이 불행의 원인이 되는 것이다. 그러니 현재를 살기 위해서는 생각하는 삶이 아니라 느끼는 삶을 살아야 하지 않겠는가. 말하자면 느끼는 삶이 생각하는 삶보다 행복에 더 가깝게 사는 것이다.

우리가 '느낌'이라고 부르는 그 안에는 감각, 감정, 기분, 분위기 같은 것들이 모두 포함된다. 자세히 살펴보면 감각, 감정, 기분, 분위기는 그 결이 서로 조금씩 다르다. 감각은 우리의 감각기관을 통해 들어오는 맨 느낌이고, 감정은 그에 따라 이어지는 정신적인 느낌이다. 또 기분은 좋고 싫음이 동반되는 마음을 말하는 것이며, 분위기는 정신적인 배경이 되는 상황을 표현하는 것이라 할 수 있다. 그 결의 차이를 알 수 있겠는가?

느낌을 이해하기 위해서는
있는 그대로의 느낌을 알아차려야 한다

앞서 말한 것처럼 느낌은 생각에 앞서 오고 생각을 이끌기 때문에 마음의 작용 과정에서 제일 먼저 일어난다. 그렇기 때문에 마음을 이해하기 위해서는 느낌이 과연 어떤 것인지를 이해할 필요가 있다. 느낌에서 시작해서, 그에 따라 생각 등 나머지 마음 작용들이 이어지게 된다는 점에서 느낌은 명상에서 매우 중요한 주제이자 관찰 대상이다.

좋은 느낌들은 더 많이 가지려고 하고, 싫은 느낌들은 어떻게 해서든지 멀리하려는 것이 우리 삶의 과정이 아닌가. 하지만 살면서 좋은 느낌만으로 사는 것은 불가능하다. 내 뜻과 상관없이 싫은 느낌도 일어나게 마련이다. 이 점을 이해하는 것이 중요하다. 우리는 좋은 느낌만을 얻기 위해서 명상을 하는 것이 아니다. 좋은 느낌이든, 싫은 느낌이든 그것을 이해하고자 명상한다. 이해하게 되면 휘둘리지 않게 된다. 느낌을 이해하려 한다면, 느낌을 있는 그대로 보아야 한다. 느낌을 있는 그대로 보는 것, 그것이 바로 느낌에 대한 마음챙김 명상이다.

이제 느낌에 대한 마음챙김 명상을 해보자.

① 의자나 바닥에 앉아서 눈을 감고 입을 지그시 다문다. 심호흡을 세 번 하면서 몸과 마음을 최대한 이완한다. 다 이완했다고 생각되어도 가만히 들여다보면 아직도 이완할 것이 남아 있음을 발견하게 된다. 그것마저 놓아버리고 좀 더 이완한다.

② 코로 숨이 들고 나는 것을 그대로 놔둔 채 숨을 알아차려 본다. 내가 숨을 쉬는 게 아니라 가만히 내버려둬도 숨이 알아서 숨을 쉬도록 한다. 들숨과 날숨이 길면 긴 대로, 짧으면 짧은 대로 내버려두고 공기가 콧구멍을 들고 나는 그 감각을 알아차린다.

③ 이어서 알아차림을 가만히 몸 전체로 가져간다. 내가 일부러 만들어내지 않아도 몸의 여러 부위에서 어떤 감각 또는 느낌들이 일어난다. 가려움, 따가움, 당기는 느낌, 눌리는 느낌 등 그것이 좋은 느낌이든, 싫은 느낌이든 그대로 내버려두고 그 감각 또는 느낌이 어떻게 일어나서 지속되었다가 사라지는지 있는 그대로 알아차린다.

④ 몸의 느낌에 대한 알아차림이 어느 정도 진행되면, 이번에는 그 알아차림을 마음 쪽으로 가져가 지금 내 마음에서 일어나는 감정, 기분 등의 느낌을 알아차려 본다. 느낌을 변화시키려 하지 말고 지금 있는 그대로 마음에서 일어나는 느낌을 알아차린다.

⑤ 적어도 10분 이상 진행한 후, 심호흡을 세 번 하고 서서히 눈을 떠 일상으로 돌아온다.

생각은

　　　　　　내 것이
　　　　　　아니다

느낌과 생각은 모두 마음에 속하지만 서로 다르고, 느낌은 현재를 대상으로 하지만 생각은 과거나 미래에 대한 것이라고 설명했다. 또 현재를 살고자 하면 생각하는 삶이 아니라 느끼는 삶을 살아야 한다고도 했다. 그러나 우리는 살아가면서 어쩔 수 없이 많은 생각들을 하게 된다. 문제는 자꾸만 떠오르는 원치 않는 생각들로 시간과 에너지를 낭비한다는 사실이다. 스스로 주체할 수 없을 정도로 생각이 많아서 우울증이나 강박증 같은 정신질환으로까지 이어지지 않는가.

생각이 너무 많은 것이 문제다

이제 그 '생각'에 대해서 이야기해보려 한다. 마음의 운동이라는 명상을 하는 이유는 '생각'을 이해하고 '생각'에 휘둘리지 않기 위해서라고 할 수 있다.

이런 질문을 해볼까 한다. 1분 후에 내 마음에 어떤 생각이 떠오를지 알 수 있는가? 또는 2분 후에 어떤 생각이 떠오르도록 할 수 있는가? 그런 일은 불가능하다. 지금 머릿속을 스치는 생각은 미리 예상했던 것이었는가? 그렇지 않을 것이다.

생각은 내 것이 아니다. 생각은 내 마음대로 할 수 있는 것이 아니다. 대부분의 사람들은 이런 사실을 모르고 있다. 그래서 원하는 생각만 떠오르게 하려고 노력하거나 원치 않는 생각들이 떠오르면 얼른 없애려고만 한다. 이런 태도는 '생각'이 나의 것이고, 내 마음대로 할 수 있다는 잘못된 견해에서 나오는 것이다. 결국 생각이 마음대로 되지 않으면 스트레스를 받고 원치 않는 생각 때문에 지쳐간다. 원치 않는 생각을 억눌러서 일어나지 않게 하려고 하면 할수록, 오히려 그 생각에 에너지를 줘서 생각이 더 커지는 경험을 다들 해봤을 것이다.

화장실에 들어가면 코가 열려 있는 한, 맡기 싫어도 냄새가 맡아지는 것을 피할 수 없다. 거리에 나가면 귀가 열려 있는 한, 듣기 싫어도 소리가 들려오는 것 역시 피할 수 없다. 이처럼 우리의 뇌가 살아 있는 한, 생각이 떠오르는 것을 피할 수 없다. 어떤 냄새나 소리가 맡아지고 들려오듯이, 생각도 조건에 따라 생겨나서 나에게 떠오르는 것임을 이해해야 한다. 냄새나 소리를 마음대로 할 수 없듯이 생각도 마음대로 할 수 없다. 이런 사실을 깊이 이해한 사람은 더 이상 생각과 다투려 하지 않는다. 냄새나 소리와 다투는 사람이 있다면 매우 어리석은 사람이듯이 생각과 다투는 사람 또한 그렇다. 그것은 부질없는 싸움이다.

생각은 조건 따라 일어나는 현상일 뿐이다

곰곰이 살펴보면 생각은 외부로부터 어떤 자극을 받았을 때 그에 대한 반응으로 일어난다. 반응으로서의 생각은 다시 말이나 행동으로 이어지게 된다. 즉 생각은 우리의 말과 행동을 이끌고, 말과 행동은 결국 습관이 되고, 우리의 운명을 좌우한다. 그렇기 때문에 지금 어떤 생각을 하고 있는지 내가 알고 있는 것은 마음챙김 명상의 큰 주제이다.

몸이나 느낌을 대상으로 알아차릴 수 있듯이 생각도 대상으로 알아차릴 수 있다. 이해하기 어려운가? 생각은 나 자신과는 다른 것이기 때문에 냄새나 소리처럼 대상으로 알아차릴 수 있는 것이다. 한번 해보라. 내가 지금 어떤 생각을 하고 있는지 알아차릴 수 있지 않은가? 생각에 그냥 빠져 있는 것과, 생각을 대상으로 알아차리는 것은 분명히 다르다는 사실을 이해할 수 있을 것이다.

내 인생의 습관과 운명을 이끄는 생각을 이해하고자 우리는 생각을 알아차리고 바라보는 명상을 한다. 그렇게 생각과 새로운 관계를 맺는 방법을 배워간다. 생각에 휘둘리지 않으면서 생각을 이해함으로써 삶을 이해하고, 보다 효율적인 인생을 살게 되는 것이다. 이제 생각에 대한 알아차림 명상을 해보도록 하자.

① 의자나 바닥에 앉아서 눈을 감고 입을 지그시 다문다. 심호흡을 세 번 하면서 몸과 마음을 최대한 이완한다. 코로 들고 나는 호흡을 가만히 내버려두고 알아차려 본다. 마음이 안정될 때까지 3분 정도 이어간다.

② 마음이 안정되면 알아차림을 마음 쪽으로 돌려서 마음 안에서 어떤 생각들이 떠오르는지 가만히 지켜본다. 그것은 걱정일 수도 있고, 후회일 수도 있으며, 엉뚱한 생각일 수도 있다. 그 생각을 평가하지 말고 마치 호흡을 바라보듯이 있는 그대로 바라본다.

③ 생각이 사라지면 생각이 없는 것을 역시 있는 그대

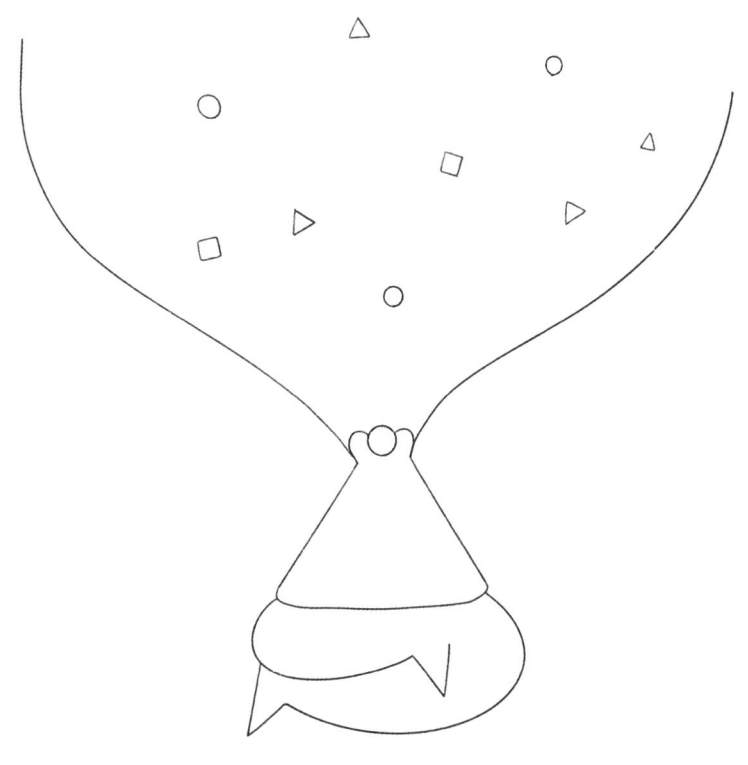

"명상을 하는 이유는 '생각'을 이해하고,
'생각'에 휘둘리지 않기 위해서이다."

로 지켜본다. 생각을 만들어내거나 억누르는 것이 아니라 마치 관중이 공연을 바라보는 듯한 자세로 바라본다.

④ 스쳐 지나가는 생각들을 충분히 바라본다. 생각에 대한 나의 집착 또는 거부감이 일어나면 그것 역시 있는 그대로 바라본다.

⑤ 이렇게 적어도 10분 이상 지속한 후, 심호흡을 세 번 하고 서서히 눈을 뜨고 깨어난다.

긴장과

　　　　　　　　　　이완

현대를 살아가는 우리에게는 참으로 많은 스트레스가 있다. 현대생활의 본질은 스트레스라 해도 지나친 말이 아니다. 어떤 스트레스든지 그것은 우리의 몸과 마음을 긴장하게 만든다. 몸과 마음은 서로 연결되어 있어서 마음이 긴장하면 몸이 긴장되고, 반대로 몸이 긴장하면 마음 역시 긴장한다.

바쁜 현대생활은 긴장의 연속

몸과 마음이 긴장된 것보다 이완된 것이 훨씬 편하고 좋은 상태라는 사실을 잘 알고 있을 것이다. 내 몸과 마음이 이완되어 있는 상태는 자신에게뿐만 아니라 나를 대하는 다른 사람들이 보기에도 훨씬 편안하고 좋다는 점에서 인간관계와 연결되어 있는 문제이기도 하다. 내가 대하는 사람들이 이완되어 있을 때, 나 역시 경계심과 긴장감을 풀고 편한 마음이 되지 않는가.

몸과 마음이 긴장에서 벗어나 이완된 상태에 있도록 하는 것은 명상을 통해서 얻고자 하는 긍정적인 결과 중

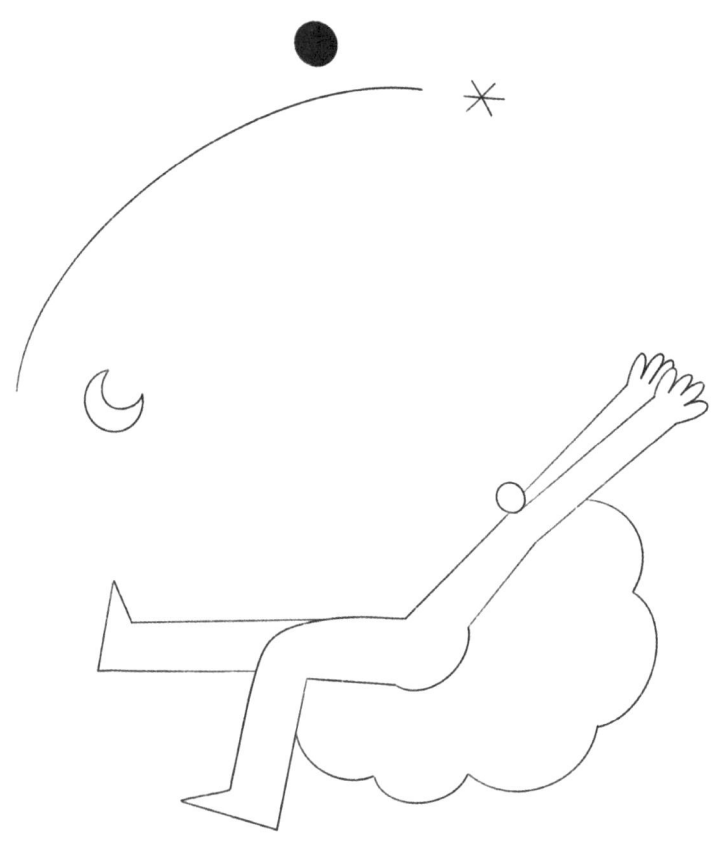

하나다. 실제로 명상을 해보면 긴장되어 있을 때와 이완되어 있을 때의 마음 상태가 어떻게 다른지, 긴장된 마음이 주는 좋지 않은 느낌과 이완된 마음이 주는 좋은 느낌을 더 잘 경험할 수 있다. 몸과 마음의 이완 상태는 명상에 있어서 '그렇게 되면 좋고, 아니어도 상관이 없는 상태'가 아니라, 반드시 그렇게 되어야만 하는 필수적인 상태다. 그러니 긴장과 명상은 함께할 수 없다.

제대로 된 명상은 우리가 살아가고자 하는 생활을 닮아야 하고, 우리의 생활은 우리가 하고자 하는 명상을 닮아야 한다. '명상 따로, 생활 따로'인 명상은 제대로 된 명상이 아니다. 따라서 일상생활 중에 항상 이완된 몸과 마음의 상태를 유지하기 위해서는, 명상 중에도 이완된 몸과 마음을 유지하는 것이 중요하다.

다만, 분명히 할 것은 이완 상태가 몸과 마음이 멍한 상태는 아니라는 점이다. 몸과 마음을 긴장하지 않으면서도 나에게 일어나는 느낌이나 생각을 알아차릴 수 있어야 한다. 이완과 알아차림은 반대가 아니라 얼마든지 함께할 수 있는 말이다. 결국 명상을 통하여 얻고자 하는 몸과 마음의 좋은 상태는 항상 이완되어 있되, 내 몸과 마음을 알아차려 깨어 있는 상태라고 할 수 있다.

천천히
서둘러라

여기까지 말하다 보니 이야기가 좀 어려워진 것 같다. 때로는 모순되는 말 같지만 충분히 이해가 되는 말들이 있는데, 대표적인 것이 "천천히 서둘러라"라는 말이다. 라틴어로 '페스티나 렌테festina lente'라고 하는 걸 보면, 이미 오래전부터 사용해오던 말이 틀림없다. 천천히 하면 서두를 수 없고, 서두르다 보면 천천히 할 수 없으니 말 자체로는 논리적으로 모순처럼 보인다. 마치 "문 닫고 들어와"처럼. 그러나 우리 모두 그 말이 무슨 뜻인지 잘 알고 있다. 굳이 해석을 덧붙이자면, 어떤 목표를 정했으면 그 목표 지점에 이르기 위해서 급격하고 큰 노력이 아니라 작은 노력이라도 꾸준히 기울이라는 의미라고 할 수 있겠다.

명상을 하거나 살아가는 데 있어서도 마찬가지다. 급작스럽고 단발적인 노력이 아니라 작은 노력이라도 꾸준히, 끊이지 않게, 지속적으로 이어가는 것이 중요하다.

흔히 인생을 마라톤에 비유한다. 마라톤을 완주하기 위해서는 중간에 걷더라도 쉬지 않고 앞으로 전진하는 것이 필요하지 백 미터를 주파하듯이 긴장되고 갑작스러운 노력이 필요한 것이 아니다. 그런 식으로는 마라톤을 완주할 수 없다. 즉, 이완된 몸과 마음의 상태를 유지하면서 나의 목표 지점을 잊지 않고 그곳을 향해서 꾸준하게 포기하지 않고 나아가는 것이 중요하다.

우리는 명상을 통해서 이러한 삶의 자세를 배워나간다. 그렇기 때문에 명상을 하면서 계속 몸과 마음을 이완하는 법을 터득하고, 내 몸과 마음의 상태를 꾸준하게 마음챙겨 알아나가는 훈련을 하는 것이다.

이제 몸과 마음을 이완하면서 알아차리는 명상을 해보도록 하자.

① 의자나 바닥에 앉아서 눈을 감고 입을 지그시 다문다. 심호흡을 천천히 하면서 몸과 마음을 최대한 이완한다. 몸과 마음에 긴장된 곳이 있는지 알아차려 보고 긴장된 곳이 있으면 바로 릴랙스한다. 충분히 이완하였다고 생각되어도 가만히 들여다보면 아직도 미세한 긴장이 남아 있음을 알 수 있다. 심호흡과 함께 그것마저 이완하고 내보낸다.

② 세밀하게 호흡을 관찰하면서 숨이 들어올 때 몸과

마음이 긴장되고, 숨이 나갈 때 몸과 마음이 이완되는 것을 알아차려 본다. 들숨은 긴장을, 날숨은 이완을 나타낸다.

③ 계속 명상을 이어가면서 이완하되 몸과 마음의 느낌에 대한 알아차림을 놓치지 않도록 한다. 긴장하지 않고도 충분히 몸과 마음의 느낌을 알아차릴 수 있다. 거꾸로 알아차림에 있어서 몸과 마음이 긴장되지 않도록 한다. 이완과 알아차림 사이에 균형을 유지한다.

④ 이렇게 적어도 10분 이상 지속한 후, 몸과 마음의 이완 상태가 충분히 지속되었으면 심호흡을 세 번 하고 서서히 눈을 뜨고 깨어난다.

에세이1

어두운
반지하방

　　　　　　　　아래에서

중학생 때 사춘기를 호되게 거쳤다. 알 수 없는 인생에 대한 허무감과 함께 허무를 넘어서는 무언가가 있을 것 같은 막연한 동경. 학교를 오가며 들고 다니던 책가방 안에는 범우문고판 마르쿠스 아우렐리우스의 《명상록》을 부적처럼 가지고 다녔다. 마치 아우렐리우스 황제에 빙의되어 생각하고 고민하는 것처럼. 명상록의 어느 곳을 펼쳐 보아도 인생의 허무함과 동시에 인생에 대한 가슴 뛰는 느낌을 받을 수 있어 좋았다.

그때 결심했다. 나는 꼭 철학과에 가서 아우렐리우스 같은 철학자가 되리라. 철학이 뭔지도 모르면서. 왜 '애늙은이'라고 하겠는가? 나이에 맞는 짓은 하지 않고 세상 모든 고민은 혼자 떠안은 것처럼 지내기 때문 아니겠는가.

그러면서 남보다 정신적으로 뛰어난 사람이 되겠다고 마음먹었다. 거기에 도움이 되는 일이라면 무엇이든 할 마음이었다. 《데미안》, 《좁은 문》, 《젊은 베르테르의 슬픔》, 《안네의 일기》 등 사춘기 때 읽는 필독서들을 닥치는 대로 읽고, 정신적으로 뛰어난 사람이 되는 데 도움이 될 것 같아서 학교 공부도 열심히 했다. 학교 성적은 항상 전교 1, 2등을 다투었다. 공부 잘하는 학생이 내 정체성인 양 생각했으므로 내가 공부를 못한다는 생각을 해본 적이 없다. 공부가 나의 특권이자 의무라고나 할까. 이런 생각에는 서울대 교수였던 아버지의 영향이 컸던 것 같다. 지금도 기억나는 것은 항상 책상에 앉아서 책을 읽거나 글을 쓰시는 아버지의 뒷모습이다.

고등학교에 진학해서도 별로 달라진 건 없었다. 공부를 할 뿐이고 서울대에 진학하는 것이 당연하다고 생각했다. 철학을 공부하고 싶은 마음에도 변함이 없었다. 고등학교 시절 역시 전교 1, 2등을 놓치지 않았다. 대학 예비고사를 마치고 채점을 한 결과, 어느 대학이든 원하는 학과에 입학할 수 있는 성적이었다.

그러자 이전에는 서울대 철학과에 가도 좋다고 허락하셨던 아버지가 갑자기 서울대 법대에 입학하는 것이 좋겠다고 입장을 바꾸시는 것 아닌가. 나로서는 약간의 반발도 있었지만 대학교수로 대학을 잘 알고 계셨던 아버지의 "세상을 학문으로만 사는 것이 아니니 여러 가지를 생각할 때 서울대 법대에 입학하여야 후회하지 않을 것"이라는 권유를 뿌리치기 어려웠다. 그런 연유로 서울대 법대에 입학하게 되었다. 여기까지가 별 특징 없는 모범생의 중고등학교 시절의 요약이다.

그런데 11월 대학 예비고사를 본 후에 본고사를 치르지 않게 되는 바람에 뜻하지 않은 인생의 전기를 맞게 되었다. 11월 예비고사를 마치자 졸업인 다음 해 2월까지 3개월간의 '휴가 아닌 휴가'를 얻게 되었다. 예비고사 이후 학교 수업은 사실상 시간을 때우는 게 되어버렸고 선생님들조차 학생들에게 각자 읽고 싶은 책을 가져와서 읽어도 된다는 해방선언을 하였다.

마침 학교 앞 헌책방을 둘러보던 중에 갱지로 만들어져 빛이 바랜 《불교요전》과 동서문고판 《반야심경》 두 권이 눈에 들어왔다. 누가 언제 읽다가 내다 판 책인지 알 수 없을 정도로 누렇게 변한 책을 싼값에 사서 읽게 되었다. 초, 중, 고등학교 모두 미션스쿨을 다니면서 기독교 교리를 신줏단지 모시듯 하던 나에게는 유레카를 외친 아르키메데스의 심정이랄까.

"내 마음이 모든 것을 만들어 낸다"는 말에는 사이다 같은 시원함이 있었다. 그렇게 대학교에 입학한 직후에는 왜 그런 생각이 나를 휘몰아갔는지 지금도 알 수 없지만, 뒤늦게 죽음에 대한 공포가 나를 휘몰아갔다. 모든 것들이 공허하게만 보이고 죽으면 그만이라는 허무감에 밤새 뒤척였다. 대학생이 된 후로는 하라는 공부는 안 하고 이름난 수행자, 명상가, 스님들이 있다는 곳들을 하이에나의 심정으로 찾아다녔다.

한편 남들이 다 부러워하는 서울대 법대생이 되었으나 그 기쁨과 자부심은 오래가지 않았다. 현실이 어디 가겠는가. 대학교 4학년이 되자 더 이상 '딴짓'은 허용되지 않았다. 당장 군대 문제를 해결해야 했으므로 돌파구는 사법시험에 합격해서 사법연수원 수료 후, 군법무관으로 군대를 마치는 방법이었다. 그때부터 지난한 사법시험 공부가 시작되었다.

햇빛도 잘 들지 않는 고시원 반지하방에서 바퀴벌레를 벗 삼아 하루 열다섯 시간 이상 책상에 앉아 사법시험 공부에 전념했다. 그 시절에는 그렇게 자신을 극단으로 몰아가면서 궁상을 떨어야 사법시험 공부를 잘하는 것이라는 일종의 자기기만이 있었던 것 같다. 그러나 첫 번째 도전에 실패했고, 군대에 끌려갈 수는 없었기 때문에 부득이 서울대 대학원 법학과에 진학하여 시간을 번 다음 사법시험 공부에 매진하였다. 그 결과 제29회 사법시험에 합격했다.

사법시험 공부 기간 내내 책상 위 법서 옆에는 항상 동국대학교 출판부에서 출간한 《불교성전》이 놓여 있었다. 마음이 산란할 때 아무 데나 펼쳐 읽어도 금세 마음의 안정을 찾을 수 있었고, 때때로 자리에 앉아 좌선을 하면서 도움을 받았다.

그리고 그해 시험기간 중에 상식적으로 이해하기 어려운 경험을 했다. 당시 공부를 하던 신림동 고시원에서 오가며 낯이 익은 사람이 있었는데, 나보다 다섯 살 정도 위의 남자였다. 마주치는 얼굴이 미남은 아니었지만, 후덕함이 느껴지는 얼굴이었다. 말을 나누어 본 적도 없다.

사법시험은 1987년 8월 한여름에 동국대학교 법과대학 건물에서 4일간 여덟 과목의 시험을 오전 두 시간, 오후 두 시간씩 서술식으로 보게 되었다. 동국대학교에는 정각원이라는 절 건물이 있고, 그 바로 밑에 법과대학 건물이 있었으므로 매일 시험 시작 전에 함께 오신 어머니와 20분가량 명상과 기도를 하고 매일의 시험을 치르는 일정이었다. 첫날 오전 첫 과목 국민윤리 시험을 마친 후 열두 시부터 두 시까지 점심시간이었으나, 준비해온 도시락이 입에 들어가지 않았다. 자리에 앉아서 오후 시험 과목인 헌법 책을 열심히 읽고 있는데, 누군가 어깨를 툭 치는 것이 아닌가. 바라보니 고시원에서 보았던 예의 그 청년이 옆에 서서 하는 말. '사법권의 독립'이 문제로 나오니 잘 보라는 것이었다. 시험을 보러 왔으면 자기 공부나 열심히 할 것이지 무슨 이유로 내게 와서 문제를 가르쳐 주는가. '이상한 사람도 다 있다'라고 생각하면서도 어디 사람 심리가 그런가. 혹시나 하는 마음에 헌법 책에서 사법권의 독립에 관한 부분을 다시 한 번 열심히 읽었다. 그런데 웬걸? 서술식 시험 문제는 50점짜리 큰 문제 한 개, 25점짜리 작은 문제 두 개 총 100점인데, 50점짜리 큰 문제로 '사법권의 독립'이 나왔다. 직전에 열심히 읽은 부분이므로 그야말로 일필휘지로 적을 수 있었고, 첫날 시험을 잘 보니 4일간의 시험을 모두 잘 볼 수 있었다. 시험이 끝나고 고시원에 며칠간 더 머물면서 그 청년을 찾아보았으나 만날 수 없었고, 그 이후 사법연수원이나 법조계에서도 그 사람을 만날 수 없었던 것으로 보아 그 사람은 틀림없이 관세음보살의 현신(?)이라고 생각한다.

사법시험 합격의 기쁨은 지금도 잊혀지지 않는다. 합격자 발표를 기다리기 위해 신림극장에서 〈영웅본색〉과 〈쿼터메인〉 동시 상영을 보면서 시간을 때운 다음 극장 앞 공중전화로 고시계에 전화를 하여 합격을 확인하였다. 정말로 하늘을 날 듯한 기분이었다.

그렇게 2년간의 사법연수생 기간이 시작되었다. 사법연수생 불교모임인 반야회의 총무를 맡아 50명의 연수생

들과 국내 절들을 순례하고, 큰 스님들을 찾아다니면서 법문을 듣기도 하였다. 역시 '범생이'답게 사법연수원 공부도 열심히 하였고, 그 결과 검사 임관을 할 수 있는 안정적인 성적을 거두었다.

남들이 보기에는 모범적이고 훌륭한 학생으로 지내왔다. 학생으로서 어떻게 더 성공할 수 있겠는가. 그러나 과연 그럴까? 남들이 성공한 사람이라고 평가하면 정말 성공한 것인가?

되돌아보면 무언가를 추구하였으나 그 무언가가 과연 무엇인지 알 수 없었고, 무엇인지 알 수 없었으니 마음의 갈증은 여전히 남아 있었다. 이런 느낌을 가지고 있었던 건 아마 계속해서 놓지 않았던 '내 마음에 대한 관심' 때문이었을 것이다.

제2장

알아차리면 변화한다

수용하는

　　　　　　　　　마음이
　　　　　　　　　되어라

지금 이 글을 읽는 독자 중에는 기존에 알던 명상과 다르다고 여기며 신선한 충격으로 받아들인 분도 있으리라 생각한다. '명상'이라는 단어에 다양하고 광범위한 행위들이 포함되어 있기 때문에 충분히 일어날 만한 현상이다.

그간의 명상 경험을 통하여 이야기하고 싶은 건 명상은 마음의 근육을 키우는 운동이라는 것과 명상을 통해 키운 건강한 마음이 생활 속으로 퍼져 들어가 일상생활 전체가 건강해져야 한다는 것이다. 생활에 도움이 되지 않는 명상은 아무 의미가 없고, 시간 낭비일 뿐이다. 이런 관점에서 우리 삶의 건강한 정신적 요소들을 명상을 통해서 키워 나가는 것이 명상의 목표가 되어야 한다.

수용하는 마음은
행복을 준다

우리 인생과 인간관계에서 빼놓을 수 없는 것이 '수용하는 마음'이다. 나에게 일어나는 일이나 내가 만나는 사람들을 얼마나 수용하는 마음으로 받아들이는지가 나의 행복을 결정한다. 일어나는 일들이나 만나는 사람들을 거부하며 '분노심'을 키워갈지, 아니면 배움의 기회로 삼을지는 우리 마음에 달려 있다. 후자의 태도를 가진 사람이 보다 행복한 인생을 살지 않겠는가.

곰곰이 생각해보면 지금 나에게 일어나는 일들이나 내가 만나는 사람들은 어떤 원인에 의해서 나에게 오게 된 결과라고 할 수 있다. 이와 관련해 명상을 통해서 우리가 배우는 것 중 하나는 원인과 결과를 아는 지혜이다. 원인이 없는 결과는 있을 수 없기 때문에, 좋은 결과를 얻기 위해서는 그런 결과를 얻을 수 있는 원인을 만들어 나가야 한다. 너무 당연한 말이다. 그런데도 우리는 실제로 원인과 결과의 성질을 깊이 있게 알고 있는 것 같지 않다. 좋은 결과를 얻고자 하는 사람들조차 그에 이르는 원인은 만들지 않고 엉뚱한 일들만 하고 있으니 말이다. 엉뚱한 일을 하면서 그에 대해 좋은 결과를 바라는 마음을 명상에서는 '탐욕심'이라고 한다. 속칭 '도둑놈 심보' 말이다.

한편, 원인은 지금 이 순간 우리가 만드는 것이지만, 이미 일어난 결과는 그 원인에 따라올 뿐 우리가 어찌할 수가 없다. 그러니 무엇이 원인이고, 무엇이 결과인지를 구분하여 원인에 대해서는 최선의 노력을 다하고, 이미 일어난 결과는 받아들이는 자세를 갖는 것이 지혜로운 행동이다.

원인을 짓는 일에는 최선을,
그에 따른 결과는 수용을

우리가 해야 할 일은 지금 이 순간 최선을 다해서 좋은 원인을 만들어가는 것이다. 이미 나온 결과에 대해서는 애석해하거나 후회하지 말고, 그것을 거울삼아 더 나은 원인을 지금 이 순간에 쌓아 나가는 것이 수용적인 사람의 모습이다.

앞에서 '분노심'과 '탐욕심'에 대해 말했지만, 결국 내가 짓는 원인에 비추어 합당하지 않은 결과를 바라는 마음이 '탐욕심'이고 그 '탐욕심'이 채워지지 않을 때 일어나는 마음이 '분노심'이다. 이 둘은 마치 동전의 양면과 같아서 탐욕이 많은 사람이 분명히 분노가 많고, 탐욕이 없는 사람은 분노가 없다.

명상에서 말하는 '수용적인 사람'은 아무 일도 하지 않고 자기 의견도 없는 무기력한 사람이 아님을 주의해야 한다. 지금 이 순간 최선을 다해 좋은 원인을 만들어가지만, 그에 따른 결과는 받아들이는 사람을 말하는 것이다. 선인들이 말한 '진인사대천명(사람이 할 수 있는 일을 다 하고서 하늘의 뜻을 기다림)'의 자세라고도 할 수 있겠다. '수용적'

인 사람은 '소극적'인 사람과는 다르다. 우리는 모두 '적극적'이면서도 얼마든지 '수용적'인 사람이 될 수 있다.

수용하는 마음은 지금 나에게 일어나는 모든 것들을 거부하지 않고 받아들이는 명상을 통해서 키울 수 있다. 이제 수용하는 마음을 키우는 명상을 해보도록 하자.

① 의자나 바닥에 앉아서 눈을 감고 입을 지그시 다문다. 심호흡을 천천히 하면서 몸과 마음을 최대한 이완한다. 몸과 마음에 긴장된 곳이 있는지 알아차려 보고 긴장된 곳이 있으면 릴랙스한다.

② 심호흡을 반복하면서 충분히 이완되었다고 생각되면, 모든 것을 가만히 내버려둔다는 몸과 마음의 자세를 취한다. 때로는 몸에 해당하는 것일 수도 있고 때로는 마음에 해당하는 것일 수도 있지만, 그것이 무엇이 되었든 지금 이 순간 그대로 내버려둔다.

③ 내버려두고 내버려두어도 지금 이 순간의 일들은 자기 일들을 해나가게 되어 있다. 그것들에 전혀 관여하지 않고 흘러 지나가는 과정을 관객처럼 가만히 지

켜보기만 하라.

④ 내버려두기가 충분하게 진행되었다고 생각되면, 알아차림을 가만히 마음 안쪽으로 돌려서 그곳에서 일어나는 느낌이나 생각, 걱정, 후회, 계획, 불안, 동요, 안정감 등을 지켜보라. 이것들 역시 어떤 원인이 있어서 나에게 온 결과들일 뿐, 내가 어찌할 수 없는 것들임을 알아나간다.

⑤ 이 상태로 10분 이상 충분히 알아차리고 지속한 후, 심호흡을 세 번 하고 서서히 눈을 뜨고 일상으로 돌아온다.

세상을

　　　　　　　　아는
　　　　　　　　문

당연하지만 새롭게 들리는 이야기를 해볼까 한다. 우리에게는 세상을 아는 여섯 가지 문이 있다는 사실을 알고 있는가. 눈은 대상을 보고, 귀는 소리를 듣고, 코는 냄새를 맡고, 혀는 맛을 맛보고, 피부는 대상을 촉각하고, 뇌는 느끼고 생각한다.

눈은 소리를 들을 수 없고, 귀는 냄새를 맡을 수 없으며, 코는 맛볼 수 없다. 눈을 비롯한 여섯 가지 감각기관은 각자의 고유한 대상만을 알 수 있을 뿐이다. 즉, 눈은 '보기만' 하고, 귀는 '듣기만' 하고, 코는 '맡기만' 하고, 혀는 '맛보기만' 하고, 피부는 '촉각하기만' 하고, 뇌는 '느끼고 생각하기만' 한다. 신기하지 않은가? 어떤 수행자가 샤워를 하다가 이런 깨달음을 얻었다고 한다. "어? 비누 냄새는 코로만 맡을 수 있네?" 굉장한 깨달음이다.

여섯 가지 감각기관으로
여섯 가지 세상을 살아간다

그러므로 우리에게는 눈으로 들어오는 '보는' 세상, 귀로 들어오는 '듣는' 세상, 코로 들어오는 '맡는' 세상, 혀로 들어오는 '맛보는' 세상, 피부로 들어오는 '촉각하는' 세상, 뇌로 들어오는 '느끼고 생각하는' 세상, 총 여섯 가지 세상이 있다. 이 여섯 가지 세상은 각기 성질이 다르기 때문에 서로 다른 세상이라고 할 수 있다.

만약 우리에게 눈이 없다면 보는 세상은 없을 것이고, 귀가 없다면 듣는 세상이 없으며, 코가 없다면 냄새 맡는 세상은 없지 않겠는가. 결국 우리는 여섯 가지 문을 통해서 여섯 가지 세상을 받아들이고 있는 것이다. 이 여섯 가지 문 외에 우리가 세상을 받아들이는 다른 문은 결단코 없다.

여섯 가지 감각의 내용과 그에 대한 반응은 서로 다르지만 모두 공통된 과정을 거친다. 눈을 예로 들면, 눈이라는 감각기관을 통해 대상을 보면 어떤 느낌이 일어난다. 그 느낌에는 좋은 느낌과 싫은 느낌이 있다. 좋은 느낌에는 더 가지려는 갈망하는 마음으로 반응하고, 싫은 느낌에는 거부하는 마음으로 반응하게 된다.

이제 내가 말하고자 하는 대목에 이르렀다. 우리가 감각기관을 통해서 세상을 받아들이는 순간, 즉 세상과 접촉하는 순간 필연적으로 어떤 느낌이 일어나고, 그 느낌에 따라 자동적으로 좋아하고 싫어하는 마음으로 반응한다. 그리고 그 좋아하고 싫어하는 마음이 반복될수록 집착과 분노로 강화된다. 집착과 분노, 이것이 바로 우리를 불행으로 이끈다. 명상을 통해서 우리가 얻고자 하는 것은 집착과 분노의 마음이 아닌 평정심이다. 여섯 가지 감각기관을 통해서 세상과 접촉할 때 일어나는 수많은 느낌들에 대해서 마음이 집착과 분노로 발전하기 전에, 명상을 통해 우리에게 일어나는 느낌과 그에 대한 반응을 지켜봄으로써 평정심을 얻고자 하는 것이다.

느낌과 이에 대한 반응은 서로 다른 것이다

여기서 분명히 할 것은 일어나는 느낌은 내가 통제할 수 있는 영역이 아니라는 점이다. 좋은 느낌은 좋은 느낌이고, 싫은 느낌은 싫은 느낌이다. 그것은 부인할 수 없다. 명상을 통해서 싫은 느낌을 좋은 느낌으로 바꾸려고 하는 것이 절대 아니다. 좋고 싫은 느낌에 대한 나의 반응이 문제라는 것이다. 지금 이 순간 좋은 느낌이 일어나면 일어나는 대로, 나쁜 느낌이 일어나면 일어나는 대로 그것뿐. 좋은 느낌에 집착하거나 싫은 느낌에 분노하는 마음으로 반응하는 것이 문제다. 느낌과 이에 대한 우리의 반응은 서로 다르다는 사실을 분명히 이해해야 한다.

집착과 분노 없이 살아간다는 것이 목석이 되라는 말은 아니다. 실제로 명상을 통해서 평정심을 갖게 된 사람은 오히려 집착 없이 좋은 느낌을 즐기고, 분노 없이 싫은 느낌을 대하므로 훨씬 마음이 가볍고 평온할 수밖에 없다. 그렇기 때문에 행복하다. 이것은 실제로 명상을 통해서 경험해야만 진실로 공감할 수 있다.

이제 세상을 받아들이는 감각기관에서 일어나는 느낌과 그에 대한 반응을 지켜보는 명상을 해보도록 하자.

① 의자나 바닥에 앉아서 눈을 감고 입을 지그시 다문다. 심호흡을 천천히 하면서 몸과 마음을 최대한 이완한다. 모든 것을 가만히 내버려둔다는 몸과 마음의 자세를 취하라.

② 나의 주의를 가만히 귀 쪽으로 가져가 본다. 들으려 하지 않아도 어떤 소리가 들려오고 있다. 소리가 들려오고 있다는 것을 알아차린다.

③ 이번에는 주의를 가만히 온몸의 피부 감각으로 가져가 보라. 내 몸 어디에서 어떤 감각이 일어나고 있다. 가려움일 수도 있고, 따가움일 수도 있고, 어떤 감각이든지 있는 그대로 그 느낌과 반응을 알아차린다.

④ 이제 주의를 가만히 마음 쪽으로 가져가라. 후회, 걱정, 불안 등 어떤 느낌이나 생각이 일어났다가 사라지는 것을 볼 수 있다. 그 느낌과 반응을 가만히 지켜보라.

⑤ 10분 이상 충분히 알아차리고 난 후, 심호흡을 세 번 하고 서서히 깨어난다.

걸으면서도

                        명상할 수
                        있다

흔히 명상이라고 하면 나를 방해하는 것들이 없는 조용한 장소에 앉아서 하는 것이라는 선입견을 가지고 있다. 그러나 명상은 생활하는 내내 일상 속에서도 이어져야 한다고 말한 것을 기억하는가? 명상은 조용한 곳에서 앉아서만 하는 것이 아니다. 시끄럽고 어수선한 가운데에서 움직이면서도 하는 것이고, 그렇게 되어야 한다.

명상은 어수선한 가운데
움직이면서도 하는 것이다

우리가 사는 동안 자는 시간을 제외하고 멈춰 있는 시간이 많은가, 움직이는 시간이 많은가? 특별한 사람이 아니고서는 움직이는 시간이 많을 것이다. 멈춰 있는 자세를 대표하는 것이 앉아서 하는 명상이고, 움직이는 자세를 대표하는 것이 걸으면서 하는 명상이다. 그러니까 당연히 걸으면서 하는 명상은 앉아서 하는 명상만큼 중요하다. 명상은 그 순간 마음자세의 문제이다. 마음챙김하고 알아차리는 마음자세를 가지고 있다면 몸이 앉아 있든, 움직이든 큰 문제가 아니다.

명상은 반드시 앉아서 하는 것이라는 고정관념을 가진 사람들에게 걷기명상의 필요성을 이해시키는 것은 쉽지 않다. 명상은 엄숙하고 진지해야 하며 남다른 특별한 체험을 추구하는 것이라는 선입견을 가진 사람들 말이다.

"진정한 명상은 명상 방석에서 엉덩이를 떼는 순간부터이다"라는 격언이 있다. 명상에서의 마음자세는 우리의 일상생활에서 그대로 이어져야 하는 것인데, '명상 따로, 생활 따로'라는 잘못된 마음을 지적하는 격언이다. 실제로 걷기명상은 앉기명상에서의 마음자세를 일상생활에까지 이어주는 일종의 다리 역할을 한다.

직장생활을 하는 나의 경우에도 점심 식사 후에는 가까운 공원에서, 저녁 식사 후에는 집 안에서 생활하면서 또는 집 근처 공터에서 부담없이 20분 내지 30분 정도 걷기명상을 매일 빼놓지 않고 하고 있다. 그 시간은 거창하게 명상이라는 이름을 붙이기 전에 나의 하루를 돌아보는 시간이기도 하고, 마음속에 떠오르는 상념들을 지켜보는 시간이기도 하다. 혼자만이 가지고 있는 일종의 휴식처라고 할 수 있겠다. 여러분도 걷기명상을 통해서 자기만의 휴식처를 갖게 되기를.

그러면 함께 걷기명상을 해본 다음 이야기를 더 진행

해보자.

① 우선, 5미터 이상 왕복하여 걸을 수 있는 장소를 선택하라. 집 근처 놀이터도 좋고, 건물의 복도도 좋다. 관심을 가지고 찾으면 이런 장소는 주변 어디에나 있다.

② 걷기 전에 제자리에 서서 깊고 느린 호흡을 하면서 몸과 마음을 최대한 이완하라. 서 있지만 앉아 있을 때처럼 몸과 마음을 이완할 수 있다. 시선은 1~2미터 앞에 자연스레 떨구고 양손은 앞으로 모으거나 뒷짐을 진다.

③ 이제 서서히 걷기 시작한다. 내딛는 발에 맞추어서 속으로 '왼발, 오른발', '왼발, 오른발'이라고 이름을 붙인다. 끝 지점에 이르면 멈춰 섰다가 뒤로 돌면서 속으로 '돎, 돎, 돎'이라고 이름을 붙인다. 반대 방향으로 걸으면서 내딛는 발에 이번에는 속으로 '듦, 내려놓음', '듦, 내려놓음'이라고 이름을 붙이면서 걸어보라.

④ 발의 움직임과 느낌을 알아차리면서 왕복하여 이어

가라. 중요한 것은, 우리는 걷기명상을 하는 것이지 걷기 운동을 하는 것이 아니라는 사실이다. 즉, 그 순간의 발의 동작과 느낌을 충분히 알아차리는 것이 목표이지, 결코 걷기명상 시간을 '빨리 해치우는' 것이 목표가 되지 않도록 한다.

⑤ 시간이 허락하는 대로 최소한 10분 이상 걷기명상을 한 다음 제자리에 서서 머리부터 발끝까지 몸의 각 부위를 천천히 알아차린 후 심호흡을 하고 서서히 깨어난다.

걸으면서 걷는 동작을 알아차리는 능력이 개발되면, 그것이 일상생활의 움직임에서도 계속 이어지게 해야 한다. 일을 보러 가기 위해 길을 걸으면서는 걷는지 알고 있고, 문을 열면서는 여는지 알고 있고, 의자에 앉으면서는 앉는지 알고 있고, 먹으면서는 먹는지 알고 있고. 이런 동작을 하면서 알아차리는 것이나 걷기명상 중에 발의 동작을 알아차리는 것은 움직이면서 알아차린다는 점에서 전혀 차이가 없고, 차이가 없는 수준이 되도록 해야 한다.

일상생활 중에서도
알아차리는 마음자세가 되어야 한다

이렇게 되면, 일상생활 가운데 어떤 몸의 동작을 취하든 그 순간에 자신의 몸과 마음을 마음챙겨 알아차리는 태도를 갖게 될 것이다. 그러한 마음자세는 우리로 하여금 이완되어 있으면서도 적절한 말과 행동을 하도록 도와준다. 평소 우리는 지금 하고 있는 일과 그것을 대하는 몸과 마음에 집중하여 알아차리기보다, 머릿속으로 자꾸만 다른 생각을 하기 때문에 그 순간에 적절하지 않은 말과 행동을 하게 되는 것이다.

결국 걷기명상을 해나감으로써 지금 이 순간의 내 몸과 마음을 알아차리는 능력이 개발되고, 보다 지혜로워지며 행복한 생활을 할 수 있게 된다. 이것만으로도 걷기명상을 해야 할 이유가 충분하지 않은가?

숨을

　　　　　　　알아차리자

이 글을 읽고 있는 당신은 숨을 쉬고 있다. 숨을 쉰다는 건 살아 있다는 '징표'다. 누구든지 태어난 직후 첫 번째 호흡이 있었을 것이고, 죽기 직전 마지막 호흡을 쉬게 된다. 생명 현상들 가운데 호흡은 특이한 점이 있다. 내가 의식하든 하지 않든 계속 이어진다는 것이다. 반대로 숨을 멈추고자 하면 멈출 수 있고, 숨을 깊게 쉬고자 하면 깊이 쉴 수 있다. 다시 말해 호흡은 내 의지로 통제할 수 있다.

마음이 들뜨고 긴장될 때에는 숨이 가빠지는 반면, 마음이 안정될 때에는 숨이 느리고 깊어진다는 사실을 경험해봤을 것이다. 거꾸로 마음이 혼란스러울 때 의도적으로 심호흡을 하면 마음이 안정된다는 사실까지도 말이다. 그렇기에 호흡은 '마음과 몸을 연결하는 문'이다. 지금 숨을 어떻게 쉬고 있는지를 통해 내 마음 상태를 알 수 있다.

호흡은 마음과
몸의 상태를 알려준다

호흡의 이러한 특징 때문에 모든 명상 방법들은 호흡을 중요한 명상 대상으로 삼아왔다. 더구나 호흡은 무색무

취해서 욕심이나 증오의 대상이 될 수 없고, 나이, 성별, 인종 등에 상관없이 평등하며, 사는 내내 어느 곳에서든 나와 함께한다는 점에서도 좋은 명상 대상이다.

그런데 평소 자신이 숨을 쉰다는 사실을 의식하고 있는가? 지금 내가 이 말을 하기 전에는 아마도 자신이 숨을 쉬고 있다는 사실을 인식하지 못했을 것이다. 대부분의 사람들은 자신이 숨을 쉬고 있다는 사실을 제대로 알아차리지 못한 채 살고 있다.

마음챙김 명상에서도 호흡은 가장 중요한 명상 대상이다. 살아 있다는 증거이자 마음으로 연결해주는 통로인 호흡을 마음챙겨 알아차리는 것은 나 자신에 대한 관심이다. 마음챙김 명상에서 호흡을 알아차림에 있어서는 여타 명상과 다른 점이 있다. 다른 명상에서는 호흡을 깊게 또는 얕게, 길게 또는 짧게 통제함으로써 마음에 영향을 주어 내가 원하는 상태를 얻고자 하지만, 마음챙김 명상은 호흡을 통제하지 않고, 통제해서도 안 된다.

지금 호흡을 가만히 놔둔다고 해서 숨을 쉬지 않고 있는가? 가만히 내버려두어도 숨이 알아서 숨을 쉰다. 다만 그동안 내가 그 사실을 알아차리지 못하고 있었을 뿐. 숨이 자신의 숨을 쉬도록 내버려둔 채 나는 그 숨결을 알아차리는 것, 그것이 호흡에 대한 마음챙김의 요점이다.

숨을 통제하지 않고
있는 그대로 알아차린다

그럼 호흡에 대한 마음챙김 명상을 잠시 해본 다음 이야기를 더 진행하도록 하자.

① 의자나 바닥에 앉은 상태에서 척추를 바로 세우고 눈을 감고 입을 지그시 다문다. 심호흡을 세 번 하면서 몸과 마음을 최대한 이완한다. 몸과 마음을 이완하면서 명상에 방해가 될 만한 것들을 내려놓고 또 내려놓아라.

② 주의를 가만히 콧구멍 입구로 가져간다. 콧구멍 입구로 들고 나는 숨을 느끼고 알아차릴 수 있다. 내가 숨을 쉬는 것이 아니라 가만히 내버려두어도 숨이 숨을 쉰다. 나는 관찰자로서 콧구멍으로 들고 나는 공기의 결을 알고 있을 뿐이다.

③ 숨이 들어 올 때 '들숨', 숨이 나갈 때 '날숨'이라고 이름을 붙여본다. 들숨과 날숨을 만들어 내는 것이 아니라 그냥 숨이 들어오고 나감에 뒤따라서 이름을 붙이는 것이다. 들숨과 날숨이 길면 길다고 알고 있고, 짧으면 짧은지 알아차린다. 숨의 길이에 따라 마음속으로 '길고', '짧고'라고 이름을 붙여본다.

④ 이번에는 들숨과 날숨이 습한지, 건조한지를 알아차려 보고, 시원한지, 더운지를 알아차려 보라. 콧구멍으로 들고 나는 공기의 결을 있는 그대로 알아차리면 저절로 숨이 안정되어 감을 느낄 수 있다.

⑤ 최소한 10분 이상 호흡에 대한 마음챙김을 이어가다가 충분히 마음이 안정되었다고 느껴지면 심호흡을 세 번 하고 서서히 깨어난다.

이런 우스갯소리가 있다. 손주가 수염이 긴 할아버지 무릎에 앉아 있다가 할아버지에게 이렇게 물었다. "할아버지는 주무실 때 수염을 이불 안에 두고 주무세요, 밖에 두고 주무세요?" 이 말을 들은 할아버지는 대답하지 못했다. 그날 밤 잠자리에 든 할아버지는 수염을 이불 안에 두고 자려 했지만 그게 아닌 것 같아 다시 이불 밖에 두었다. 그렇게 자려고 했는데 그것도 아닌 것 같아서 밤새 수염을 이불 안에 두었다가 밖에 두었다가 하며 잠들지 못했다는 이야기이다.

평소에 자연스럽게 숨을 쉬고 있지만, 막상 호흡을 알아차리라고 하면 자연스러운 호흡을 못하는 사람들이 의외로 많다. 마음챙김 명상은 자연스러운 호흡을 알아차리는 것이지 호흡을 바꾸려고 하는 것이 아님을 제대로 이해하지 못하기 때문이다.

명상을 하는 우리는 포용적인 자세로 나의 호흡을 이해함으로써 몸과 마음, 즉 나의 삶을 이해하고자 하는 것이지 억지로 삶을 바꾸고자 하는 게 아니다. 그런 식으로는 평화로운 삶을 살 수 없다. 결국 호흡에 대한 마음챙김 명상은 우리에게 안정되고 평화로운 삶의 태도를 알려준다.

먹으면서

                                    명상을

이번에는 먹기명상이다. 먹는 행위가 어떻게 명상이 될 수 있을까? 틱낫한 스님은 "최고의 자애로운 행위는 함께 식사할 때 먹는 이야기를 하는 것이다"라고 했다. 이게 무슨 말일까?

다른 사람들과 식사를 하거나 혼자 무엇을 먹을 때를 상상해보라. 그때 온전하게 먹는 행위에 집중해서 알아차리며 음식을 먹는가? 아니면 먹는 것과 아무 상관없는 대화를 하거나 머릿속으로는 다른 생각을 하면서 식사를 하는가? 온전하게 음식을 먹는 행위에 집중하지 못하고 엉뚱한 생각이나 대화에 빠져 알아차리지 못하면서 음식을 먹고 있었을 것이다.

사람들은 마음챙겨 먹지 못한다

우리는 항상 이런 식이다. 특별한 일이 없다면 앞으로도 그럴 것이다. 마음은 지금 하고 있는 일과 함께 있지 못하고 항상 이곳 아닌 다른 곳, 지금 아닌 과거나 미래에 가 있다. 음식을 먹을 때도 마찬가지다. 지금 몸이 하는 일에 마음이 함께 있는 것이 행복에 이르는 길이다. 마음이 과거나 미래를 헤맬 때는 결코 행복할 수 없다.

이제 틱낫한 스님의 말씀이 무슨 뜻인지 이해할 수 있겠는가. 가족과 함께 식사하는데 대화가 자꾸 지금 이곳이 아닌 다른 곳으로 벗어나려 할 때마다 "오늘 이 나물 참 맛있네. 이것 좀 먹어 봐. 된장국도 맛있다. 이 된장국은 어떻게 끓인 거야?"라고 하면서 주의를 지금 이곳으로 돌려온다면, 그 행위는 가족들을 '지금 여기'로 돌아오게 함으로써 행복으로 이르는 길을 열어준다. 이것이 그 순간에 할 수 있는 최고의 자애로운 행동이다.

우리에게는 세상을 받아들이는 여섯 개의 문, 즉 눈, 귀, 코, 혀, 피부, 뇌가 있다는 이야기를 했다. 여섯 개의 문을 통해서 세상을 느끼고 그 느낌에 반응한다. 그런데 여섯 개의 문 가운데 혀는 음식을 먹을 때만 맛을 느낀다는 점에서 다른 다섯 개의 문보다 사용할 일이 드물다. 음식을 먹는 시간은 음식에 대한 고마움과 먹고 맛볼 수 있음에 대한 감사함을 느낄 수 있는 시간이기도 하다.

그럼 먹기명상을 잠시 해본 다음 이야기를 더 진행하도록 하자.

① 먹기명상을 위해서 감귤이나 건포도 같은 간단한 음식을 준비한다. 우리는 감귤을 준비해보자. 이제 혼자 있을 수 있는 공간에 편안하게 앉아 감귤을 손에 들고 바라보면서 심호흡을 세 번 하고, 몸과 마음을 최대한 이완한다.

② 그동안 무수히 봐왔던 감귤이지만 지금 난생 처음 보는 음식물인 것처럼 새로운 시각으로 감귤을 바라본다. 감귤의 생김새와 겉면의 굴곡, 색깔, 광채 등을 살펴보고 가만히 코로 가져가 향기를 맡아보라.

③ 지금 손에 들고 있는 감귤이 열매 맺고 익기까지 반드시 필요하였을 그간의 햇빛과 비와 적당한 온도, 시간의 흐름 등을 감귤을 보면서 깊이 느껴보라. 이 감귤이 나의 손에 들어오기까지 있었을 농부와 상인들의 수고에 대해서도 감사함을 느껴본다.

④ 이제 한 손에 감귤을 들고 다른 손으로 천천히 감귤의 껍질을 까면서 소리, 퍼지는 향기, 드러나는 감귤 속살의 색깔 등을 놓치지 않고 알아차려 본다. 그와 동시

에 입안에 고이는 침과 감귤을 먹고자 하는 내 마음속 반응도 알아차린다.

⑤ 감귤 한 조각을 천천히 입으로 가져가 입에 넣고 씹으면서 그 모든 과정을 알아차린다. 씹을 때의 식감, 소리, 맛, 향기 등을 알아차리고 자디잔 조각들로 부서지면 그것을 목으로 넘기고자 하는 나의 의도를 알아차린다.

⑥ 진행되는 모든 행위들이 마치 지금 이 순간 세상에서 가장 중요한 행위인 듯이 세밀하게 알아차리면서 감귤 한 개를 먹는다. 최대한 천천히 진행하라. 우리는 '먹기명상'을 하고 있는 것이다.

먹기명상을 하게 되면 그동안 내가 먹는 행위를 제대로 알아차리지 못하고 있었기 때문에 나도 모르게 과식을 해왔다는 사실을 깨닫게 된다. 그런 이유로 먹기명상은 마음을 편안하게 해주기도 하지만 다이어트에도 도움이 된다. 또 몸에 좋지 않은 인스턴트 음식을 먹었을 때 내 몸의 미세한 거부감을 알아차리게 해주고 어떤 음식들이 건강에 도움을 주는지도 알게 될 것이다.

먹기명상은 건강함을 주고
우리가 자연의 일부임을 알게 해준다

이 대목에서 여러분에게 질문을 하려고 한다. 우리가 음식과 물을 먹으면 그것이 언제부터 '나'라고 할 수 있을까? 입안에 들어왔을 때인가? 식도를 넘어갈 때인가? 아니면 위 안에 들어왔을 때? 그것도 아니라면 영양분이 혈관을 통해서 운반될 때인가? 또 그것은 언제부터 내가 아닌가? 대장을 통과할 때? 아니면 직장이나 방광에 있을 때? 그게 아니라면 그야말로 몸 안으로부터 배출되었을 때에야 비로소 내가 아닌가?

곰곰이 생각해보면 자연의 일부인 음식물과 나를 구별하기는 어렵다. 그렇기 때문에 결국 나는 자연의 일부라고 할 수 있다. 우리는 모두 자연으로부터 와서 자연의 일부로 살다가 자연으로 돌아간다. 이런 사실을 제대로 인식하면서 먹고 있는가?

화를
어떻게

                              대해야
                              할까

우리 마음에는 하루에도 수천 명의 방문객들이 방문한다. 매일 수천 개의 생각들이 마음속으로 찾아온다. 우리를 찾아오는 모든 생각들은 우리에게 좋거나 나쁜 영향을 미친다. 그중에서 화 또는 분노의 생각은 마음과 몸에 해로운 영향을 준다.

만약 화나는 생각들을 객관적으로 바라볼 수 있다면, 그것이 해로운 마음으로 이어지는 것을 막을 수 있다. 생각, 그중에서도 화를 마음챙겨 알아차리는 훈련은 생각을 객관적으로 바라보는 습관을 키운다. 화가 일어날 때 화가 일어났다는 사실을 충분히 알아차리고 "지금 내 마음에 화가 일어났다"라고 스스로에게 말할 수 있어야 한다. 이렇게 알아차림으로써 미세한 변화가 일어난다. 화나는 마음의 강박적인 힘이 조금씩 약해지게 되고, 분노를 표출하는 행동으로 이어지지 않게 되는 것이다.

화의 마음을 객관적으로
바라볼 수 있어야 한다

화나는 생각을 객관적으로 바라볼 수 있는 힘이 키워

지면 그 힘이 바로 자신을 보호해주는 역할을 한다. 마치 마음의 문 앞에서 지키고 있던 마음챙김이라는 감시견이, 초대받지 않은 화가 찾아왔을 때 크게 짖어서 우리로 하여금 정신을 차리게 하는 것과 같다.

명상을 통한 화 다스리기는 화가 일어났을 때 그것을 알아차리는 것으로 충분하다. 화를 억누르거나 화의 원인을 찾아내는 것이 아니며, 화에 관한 질문을 던지고 대답하는 것도 아니다. 단지 화 자체를 객관적으로 바라보라. 그러면 화의 마음이 가라앉는 걸 발견하고 놀라게 될 것이다. 계속 바라보기만 하라.

고대 철학자 피타고라스는 "철학자란 누구입니까?"라는 질문을 받았을 때 이렇게 대답했다고 한다.

"우리는 모두 인생이라는 축제에 초대받았는데, 누군가는 그곳에서 축제를 즐기고, 누군가는 그곳에서 이름과 명성을 날리고자 한다. 그런데 또 다른 누군가는 축제가 진행되는 것을 바라본다. 그 사람이 바로 철학자이다."

명상을 하는 사람은 화의 마음이 일어났을 때, 그것과 자신을 동일시하지 않고 단지 바라보아야 한다. 그러면 화는 점점 힘을 잃게 된다.

자신의 마음을 바라보는 것이 항상 쉬운 일은 아니다.

마음 안에서 일어나는 나쁜 생각들을 자세히 바라본다는 것은 어떤 면에서는 스스로에 대한 존중감을 뒤엎는 일이기 때문이다. 그러나 자신의 마음을 바라보는 연습을 쌓아가면 생각이 나 자신이 아니라는 것을 알게 되고, 화의 생각은 힘을 잃어 나에게 영향을 덜 주게 된다.

화와 욕심은
동전의 양면과 같다

여기서 중요한 사항을 말해볼까 한다. 바로 화의 마음과 욕심의 마음이 본질적으로 같다는 사실이다. 화는 왜 일어날까? 바라는 대로 되지 않기 때문에 화가 일어난다. 바라는 바가 없는데 화날 일이 있을까? 자신이나 주변 사람들을 둘러보라. 욕심이 많은 사람은 분명히 화가 많고, 화가 많은 사람은 분명히 욕심이 많다는 사실을 발견할 수 있다. 욕심이 있기 때문에 욕심이 충족되지 않을 때 비로소 화가 나는 것이다.

비유적으로 표현하면 욕심은 나에게로 끌어오려는 마음이고 화는 나로부터 밀어내려는 마음이다. 그렇지 않은

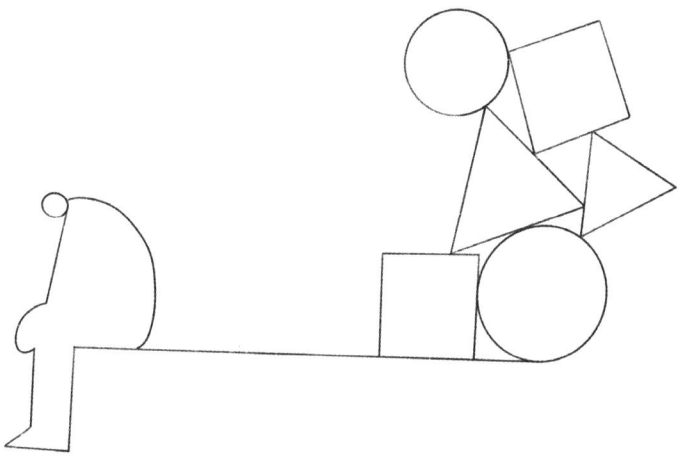

가? 나에게로 끌어오려는 마음과 나로부터 밀어내려는 마음은 그 방향만 반대일 뿐, 기본 작동방식은 같다. 그래서 "욕심은 뒤집은 화이고, 화는 뒤집은 욕심"이라고 말한다.

그렇기 때문에 욕심과 화를 함께 '갈애'라고 부르는 것이고, 화에 대한 명상을 할 때에는 화의 마음만 바라보는 것이 아니라 욕심의 마음도 함께 바라보아야 한다. 결국 화에 대한 명상을 통해서 화를 다스린다는 것은 욕심에 대한 명상을 통해서 욕심을 다스린다는 것과 같은 말이 된다.

이제 앞서 말한 내용을 토대로 화와 욕심에 대한 명상을 해보도록 하자.

① 의자나 바닥에 앉아서 눈을 감고 입을 지그시 다문다. 척추를 바로 세운 다음 심호흡을 여러 번 하면서 몸과 마음을 이완한다. 충분히 이완될 때까지 지금 이 순간만큼은 모든 것을 다 내려놓는다는 마음으로 이완하고, 또 이완하라.

② 몸과 마음이 편안해지면 주의를 가만히 마음속으로 돌려 지켜보라. 마음 안에는 미세하지만 욕심의 마음 또는 화의 마음이 있게 마련이다. 좀 더 편안해지고 싶

은 욕심일 수도 있고, 불편한 내 몸의 자세에 대한 거부감일 수도 있다.

③ 그 내용이 무엇이든지, 그 세기가 강하든 약하든, 지금 이 순간 마음속에서 일어나는 욕심이나 화의 마음을 있는 그대로 지켜보라. 욕심 또는 화의 마음을 바꾸려고 하는 것이 아니라 있는 그대로 바라본다.

④ 그동안 알지 못하고 있던 욕심이나 화의 마음을 발견하게 되는 것이 유쾌하지 않을 수도 있다. 그렇더라도 가벼운 마음으로 바라보고 또 바라보라. 욕심 또는 화의 마음이 변해가는 것을 지켜보라.

⑤ 적어도 10분 이상 충분히 마음을 바라본 후 심호흡을 세 번 하고 서서히 깨어난다.

인생은

　　　　　　　　　　균형
　　　　　　　　　　잡기

이런 명상 안내 포스터가 있다. 서핑보드 위에 한 발로 선 명상가가 수염을 휘날리며 절묘하게 균형을 잡고 파도를 타고 있다. 그 아래에는 이렇게 적혀 있다. "당신은 파도를 멈추게 할 수 없습니다. 하지만 파도 위에서 멋지게 서핑하는 방법을 배울 수는 있습니다."

우리는 태어난 후 인생의 파도에 끝없이 흔들리며 살고 있다. 누구나 모두 마찬가지다. 좌절하고 기뻐하고 후회하고 기대하며 살아간다. 인생의 굴곡 안에서 살아가는 건 파도 위에서 균형을 잡고 서핑하는 것과 같다. 지금도 훌륭하게 인생의 서핑을 하고 있는 모든 이들에게 격려의 박수를 보내며 응원하고 싶다.

마음의 균형을 잃기 때문에
정신적 문제가 생긴다

요즘 많은 사람들이 우울증, 강박증, 공황장애, 불안증 등의 정신적 문제에 시달리면서 인생의 귀중한 시간을 잃어버리고 있다. 앞선 포스터에 비유하자면 서핑 중에 균형을 잃고 물에 빠져 허우적거리는 상황이라고 하겠다. 서핑을 잘하기 위해서는 균형을 잡는 것이 중요하듯, 인생도 그렇다. 무엇이든 지나치거나 모자라면 균형을 잃게 되고 평정심도 잃게 마련이다.

'균형을 잘 잡는다'는 말이 좀 모호하고 추상적일 수 있다. 몸의 균형을 잡을 때의 상황을 머릿속에 그려보라. 어떻게 몸의 균형을 잡는가? 몸이 중심을 잃고 넘어지려 할 때 넘어지려 한다는 사실을 재빨리 알아차리면 즉시 반대쪽으로 무게를 가져감으로써 균형을 잡게 된다.

마음의 균형도 마찬가지다. 마음이 어떤 성향, 예를 들면 후회, 걱정, 불안, 들뜸, 나태 등으로 기울어지고 있을 때 그것을 못 알아차리고 그대로 내버려두면 그 방향으로 더 기울어져서 무게가 쏠리고 더욱 심한 불균형이 된다. 몸의 균형을 잡기 위해서는 먼저 몸이 기운다는 사실을 알아차리는 게 필요하듯 마음의 균형을 잡기 위해서는 마음이 어느 쪽으로 기우는지를 먼저 알아차리는 것이 필요하다. 지금 내 마음 상태가 어떤지를 제대로 알지 못한 채 마음의 균형을 잡을 수는 없지 않은가. 문제가 무엇인지를 정확히 아는 것이 문제 해결의 첫걸음이다.

물리학자 리처드 파인만이 어떤 문제든 확실하게 해결할 수 있는 3단계 방법을 이야기한 적이 있다. 일명 '파인만 알고리즘'. 첫째, 문제가 무엇인지를 빠짐없이 자세하게 종이 위에 적는다. 둘째, 종이에 적힌 문제를 정말 골똘히 생각한다. 셋째, 떠오르는 답을 종이 위에 적는다. 허무 개그 같은가? 유머이기도 하고 번뜩이는 통찰이기도 하다. 파인만이 말하는 3단계 문제 풀이법 중에서 셋째 단계보다 둘째 단계가 중요하고, 둘째 단계보다는 첫째 단계가 더 중요하다. 즉, 문제가 무엇인지를 빠짐없이 자세하게 종이 위에 적는 첫 번째 단계에서 사실상 결판이 난다. 무슨 말일까?

마음에 어떤 생각이나 느낌이 일어나 문제가 생겼을 때 사람들은 허둥지둥 문제를 해결하려 할 뿐, 문제의 발단이 된 생각이나 느낌을 눈여겨보려 하지 않는다. 문제가 무엇인지를 잘 알지 못한 채 문제의 해답을 구하려는 학생처럼 말이다. 시험 문제를 제대로 읽지 않아서 문제 풀이에 한참 시간을 들이고서도 엉뚱한 답을 적었던 경험이 있을 것이다. 우리는 마음에서 일어나는 생각이나 느낌을 대충 본다. 그러고는 그 생각이나 느낌 때문에 생겨난 결과물인 우울, 불안, 후회, 근심 등을 없애려고만 한다.

나의 생각이나 느낌을 바라봄으로써
균형을 찾는다

명상에서는 일어나는 생각이나 느낌을 섣불리 바꾸려 하지 말고 그것을 바라보라고만 한다. 마치 문제가 무엇인지를 빠짐없이 자세하게 종이 위에 적어 나가듯이. 그러면 신기하게도 해결책은 저절로 따라온다. 내가 해결하는 것이 아니라 해결책이 내게 찾아오는 것이다. 몸이 중심을 잃었을 때 중심을 잃었음을 아는 순간 내가 굳이 중심을 잡으려고 하지 않아도 저절로 몸의 중심을 잡게 되는 것과 같다.

요약하면 이렇다. 인생은 균형 잡기인데, 균형 잡힌 마음은 억지로 만들어내는 게 아니라 내 마음에 찾아오는 느낌이나 생각을 과장하거나 과소평가하지 않고 솔직하게 마주 봄으로써 저절로 이루어져야 한다. 이렇게 자연스럽게 이루어진 균형 잡힌 마음이 균형 잡힌 인생으로 이끈다.

위에서 말한 내용을 토대로 마음의 균형 잡기에 도움이 되는 명상을 해보도록 하자.

① 의자나 바닥에 앉아서 눈을 감고 입을 지그시 다문

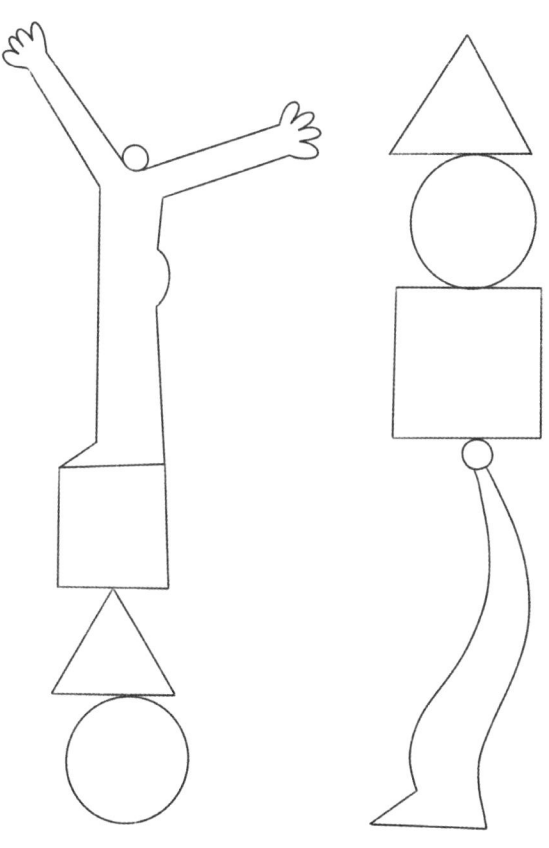

"내가 해결하는 것이 아니라
해결책이 내게 찾아오는 것이다."

다. 척추를 바로 세운 다음 심호흡을 여러 번 하면서 몸과 마음을 최대한 이완하라.

② 몸과 마음이 편안해지면 주의를 가만히 마음속으로 돌려 마음 안에서 일어나는 생각이나 느낌을 가감 없이, 솔직하게, 있는 그대로 지켜본다. 힘주지 않고 가벼운 기분으로, 마치 차창 밖으로 흘러가는 풍경을 바라보듯이.

③ 내 마음에 찾아오는 생각이나 느낌이 한쪽으로 치우치지는 않았는지 알아차려 보라. 치우쳤다고 여겨지더라도 그것을 바꾸려 하지 말고 지켜보고 또 지켜보라. 계속 바라보면 치우쳤던 생각이나 느낌이 균형을 찾아가는 것을 알아차릴 수 있다. 그 과정도 역시 가만히 바라본다.

④ 적어도 10분 이상 바라본 후 심호흡을 세 번 하고 서서히 깨어난다.

에세이2

109호

검사실

30세에 검사가 되어 대전지검에 초임검사로 발령을 받았다. 사회에 대해 별로 아는 것도 없는 미혼의 청년이 '영감님' 소리를 들으면서 과분한 대우와 권한을 받았다. 대전지검 검사 수는 나를 포함하여 15명에 불과했지만, 그 15명의 권한은 막강하였다. 언제든지 검사가 개인적으로 범죄를 파악하게 되면 쉽게 혐의자를 긴급체포하였다가 석방하더라도 누구도 이의를 제기하지 못하던 시절. 지금 생각하면 적법하다고 할 수 없는 수사 방법이 '범죄와의 전쟁'이라는 이름으로 용인되던 시절이었다.

거의 매일 야근을 하면서도 마치 내가 아니면 범죄로 온 나라가 물들 것 같은 의협심이 있었다. 범죄자들을 직접 구속해서 감방으로 보내는 것이 솔직히 '재미있고 통쾌'하였었음을 고백할 수밖에 없다.

지금도 진심으로 용서를 구하고 싶은 사람이 있다. 당시만 하더라도 차량으로 인명사고를 낸 후 처리하지 않고 도주하면 도주차량 피의자로 구속하였다. 경찰에서 송치한 사건 기록을 검토하다가 도주차량 피의자임에도 불구속으로 송치된 젊은 여성을 발견하였다. 사건 기록을 검토해보니 임신한 상태로 남편과 말싸움을 하다가 화가 나서 차를 몰고 나와 운전하다가 행인을 치고 2주 상해를 입힌 후 도주한 사건이었다.

만 30세의 사회생활 경험 없는 '귀때기 새파란' 젊은 검사가 다른 사람들의 인생을 얼마나 이해하고 공감하겠는가. 원칙대로 구속 수사를 결정하고 법원에 구속영장을 청구하였다. 그 시절에는 구속영장 실질심사라는 제도가 생기기 전이어서 구속영장이 청구된 피의자는 구속영장이 발부될 때까지 검사실에서 대기하였다. 그리고 검사가 청구하는 구속영장을 법원은 서류 검토 후 특별한 사유가 없는 한 발부하던 시절이기도 했다. 검사실에서 구속영장을 기다리던 그때, 그 젊은 임신부의 좌절한 얼굴과 눈빛을 아직도 기억한다. 아이를 임신하여 남편과 말다툼을 하고 정신없이 뛰쳐나가 차를 운전하다가 사고를 내고 기어이 구속까지 되게 생긴 젊은 여자의 심정을 나는 왜 공감하거나 이해하지 못했을까. 지금도 깊이 반성하며, 진심으로 사과하고 싶다. 정말 중요한 건 큰 게 아니라 작아 보이는 것에 있다.

여하튼 서슬퍼런(지금 생각하면, '한심한') 철부지 검사는 어떻게 해서든 많은 사람들을 구속하는 것이 훌륭한 검사라 생각했다. 매월 초에 지난달 검사별 실적 통계를 보면, 15명의 대전지검 검사들이 구속한 범죄자들의 절반은 내가 구속한 사람들이었다. 그런 걸 칭찬해주었던 당시 검찰 조직의 잘못도 있다고 생각한다. 누군가 넌지시 내게 전하였던 말. 대전구치소 수감자들 사이에서는 "109호 검사실에 걸리면 국물도 없다"라는 말이 돈다나?

초임 검사 2년을 마치면 대개 작은 지역의 지청으로 발령받아 1년간 근무를 하게 된다. 대도시보다 소도시에서는 검사의 위세가 더 대단하다. 시장, 군수, 교육감, 경찰서장 등 관내 모든 기관장들이 왜 그리도 젊은 평검사에게 쩔쩔맸던 것일까? 무슨 잘못들을 저질렀기 때문일까, 또는 저지를 수도 있기 때문일까?

지청 검사 생활 1년을 마치고 1996년 3월 서울지검으로 발령받았다. 역시 열심히 일했다. 천경자 미인도 위작 사건, 고미술품 위작 사건, 전국의 도굴범 검거 등 맡은 일을 열심히 하다 보니 본의 아니게 문화재 전문검사가 되어 있었다. 역시나 많은 범죄자들을 구속하였다. 그렇게 서울지검 검사 생활을 하던 중에 1년간 프랑스 국립사법관학교로 유학을 떠나게 되었다. 혼자 파리에서 지내면서 프랑스 법원과 검찰을 둘러볼 수 있었다. 그러나 역시 관심은 불교와 명상에 있었으므로 서점에 있는 불교 서적들과 명상센터를 살펴보는 좋은 기회가 되었다.

프랑스 유학을 떠나기 전 국내에서도 바야흐로 근본불교와 근본불교의 수행법인 위빠사나가 조금씩 전파되기 시작하였고, 마침 강남포교원에서 진행하던 위빠사나 명상 수업에 참여할 수 있었다. 서초동에 있는 서울지검에서 퇴근하면 강남포교원에 가서 명상을 한 후 귀가하는 생활을 하였고, 근본불교의 교학과 수행을 하면서 그간의 수행 과정을 되돌아보게 되었다.

이러한 관심은 자연스럽게 프랑스 유학생활로도 이어졌고, 서양에 퍼져 있는 불교를 보니 비로소 내가 수행하여 오던 대승불교의 단점들이 보이기 시작했다. 프랑스 유학기간은 내 수행 여정에 있어서 또 하나의 전환점이 된 셈이다. '근본불교 수행과의 만남'이라는 뜻하지 않은 소득을 얻은 것이다.

귀국 후 1년 뒤 1999년 전주지검으로 발령받아 전주에서 신혼생활을 시작하였다. 전주지검에서는 특수전담을 맡아 역시 관내의 많은 범죄자들을 구속하였다. 그러나 이제는 근본불교 수행자로서 인간에 대한 이해가 조금 생긴 편이었으므로 이전처럼 무차별로 사람을 구속하는 일은 없었다.

2년간의 전주지검 생활을 마치고 서울지검 북부지청

검사로 발령받아 부부장검사로 승진하였다. 인간에 대한 이해가 깊어지면서 더 이상 함부로 사람을 구속하는 일은 없게 되었으나, 그런 점이 검사 생활을 하는 데 지장을 준다고는 미처 생각하지 못했었다. 그러나 어쩌겠는가? 개는 짖고 물어야 하듯이, 검사는 범죄자들을 단죄하고 구속하는 악역인 것을. 그러나 한번 검사직에 대해 떠난 마음을 되돌릴 수 없었다.

누구나 그렇겠지만, 마흔이 되는 시점이었으므로 인생 후반전을 어떻게 사는 게 의미 있을지 깊이 생각했다. 이대로 후반전을 이어갈 것인가, 아니면 스스로에게 솔직하게 정말 하고 싶은 일을 하며 의미를 찾을 것인가. 마흔 살을 '불혹不惑'이라고 하는 이유는 누가 뭐라든 흔들리지 않고 자기 주관대로 결정할 수 있고, 결정을 내려야만 하는 나이이기 때문 아닐까.

명상수행이 깊어질수록, 사회에서는 권력이라고 하는 검사직이 내게는 '피상적'이고, 수행을 하기에는 '위험한' 직업이라는 생각이 커졌다. 명상수행을 하면 할수록, 인생의 진정한 성공과 행복은 외면적인 데 있는 것이 아니며, 누가 뭐라고 하든 내 마음 깊은 곳에서 스스로 성공과 행복이라고 수긍할 수 있어야만 한다는 생각을 하게 되었다.

지난 10년간의 검사 생활에 대해 '이만하면 됐다'라는 느낌이 안에서 차올랐다. 결론은 이미 나 있었다. 남은 인생의 명상수행을 위해서도 보다 많은 시간을 가질 수 있고, 검사라는 속박에서 벗어나 자유로운 변호사 개업이 그 결론이었다. 그렇게 일단 결정을 내리자 마음이 더할 수 없이 홀가분하다는 사실에 스스로 놀라지 않을 수 없었다. 말하자면 '벗어남'의 행복이었다.

학생이 준비가 되면 스승이 나타난다고 하지 않는가. 마침 그해 5월 함께 수행하던 스님이 미얀마의 세계적인 스님인 우 조티카 사야도를 초청하여 사야도가 한 달간 국내에 머물면서 수행지도를 하였고, 나 역시 우 조티카 스님으로부터 법문과 수행지도를 받는 행운을 얻게 되었다. 자연스레 검사직은 더 이상 나에게 맞지 않는 옷이라는 생각을 굳혔으며 기어이 그 무렵 검찰에 사직서를 제출하였다.

또 영어로 된 우 조티카 스님의 책 두 권 《붓다의 무릎에 앉아》와 《여름에 내린 눈》을 번역하였고, 이 두 책은 아직도 나에게 그리고 다른 사람들에게 남다른 영감을 주는 인생 책이 되어 있다.

그렇게 변호사 생활을 시작했다. 학창시절과 사법연수생 시절, 검사로의 전환기에 수행이 나와 함께 하였듯이 검사에서 변호사로의 전환기에도 수행이 나와 함께했다. 지금 되돌아보면, 인생의 큰 전환기마다 명상수행이 함께했었기에 후회 없는 올바른 결정을 할 수 있었다고 확신한다.

남들은 내가 열정적이고 유능한 검사 생활을 해왔다고 말할 것이다. 나 역시 검사로서는 분명 역할을 잘 수행하였다고 생각한다. 그러나 다른 사람들보다 조금 더 많은 힘을 가지고 권력을 행사하였으니 과연 성공한 인생을 살았다고 말할 수 있을까?

아니다. 결코 그렇지 않다. 사회에서 성공이라고 부르는 검사 생활은 결코 성공이 아니었다. 그럼 과연 무엇이 성공한 인생일까? 남들의 평가야 어떻든 간에 내가 진실로 성공이라고 생각하여야 성공이 아닐까. 그렇기 때문에 지금도 다시 검사 생활로 돌아가고 싶은 마음은 없다. 이런 생각 역시 그 시절 '내 마음에 대한 관심'을 놓지 않았기 때문이다.

제3장

모든
삶이

스승이고
수업이다

내
마음도

　　　　　　　　내
　　　　　　　　것이 아니다

'마음'이라는 말처럼 다양하면서도 모호한 뜻을 가진 단어도 드물다. "저 사람은 마음이 참 넓고 따뜻해", "마음이 내키지 않네", "너와 나는 마음이 통했어", "네 마음대로 해" 등등. 마음이라는 말을 자주 사용하지만 그때마다 '마음'이라는 단어가 가리키는 의미가 다르다.

마음이라는 단어 하나를 만능열쇠처럼 사용하기 때문에 편리하기는 하지만, 마음의 다양한 형태들을 이해하는 데는 장애가 된다. 느낌과 욕심, 분노, 질투, 후회, 걱정, 기대, 기쁨 등이 모두 마음에 속하기는 하지만 분명히 서로 다르다. 전혀 다른 성질의 것들을 모두 마음이라는 한 단어로 규정하다 보니 제대로 이해하기가 어려워지는 것이다.

마음이라는 말은
참 모호하다

나도 명상에 입문하기 전에는 이런 문제점을 알지 못했다. 그런 상태에서 마음을 이해하려 했으니 마치 무기 사용법을 모르고 무기를 사용하려 했다고나 할까?

마음과 관련해서 또 다른 착각은 마음이 실체가 있고,

내 것이라는 오해이다. 이 글을 읽는 지금 떠오르는 느낌이나 생각이라는 마음이 10분 전에 예상했거나 떠오르기를 원했던 것이었나? 아니면 1분 후에 어떤 생각이 떠오를 것이라고 예약을 해두면 1분 후에 그 생각이 떠오르는가? 전혀 그렇지 않다. 왜 지금 이런 생각이 내게 떠오르는지 이유도 알 수 없는 생각들이 내 의지와 상관없이 일어났다가 사라지기를 반복하고 있다.

걱정하지 말라. 아무런 문제가 없다. 누구나 다 그렇다. 느낌이나 생각이라는 마음은 원래 그런 것이다. 이 점을 이해하는 게 중요하다. 마음은 내 것이 아니고, 내 '마음'대로 할 수 있는 게 아니다. 내 뜻과 상관없이 왔다가 사라지는 그 마음에 실체가 있다고 할 수 있을까? 실체가 있다고 하려면 고정되어 있어야 할 텐데 고정되지 않은 걸 두고 '실체'가 있다고 말할 수 있는가?

또 다른 착각 한 가지. 고정된 마음이 있어서 어떤 느낌이나 생각이 떠오르는 것을 알 수 있다는 착각이다. 그렇지 않다. 떠오르는 느낌이나 생각 자체가 마음이지 따로 고정된 마음이 있어서 그것을 아는 게 아니다.

이런 말이 있다. "불행한 사람은 스토리가 길지만, 행복한 사람은 스토리가 짧다." 무슨 말일까? 불행한 사람은 마음에 연속성이 있는 듯한 착각을 스스로 만들어낸다. 연속성이 있으려면 과거와 미래가 필요하다. 불행한 사람은 과거와 미래에 머무르면서 연속된 마음의 이야기를 지어낸다. 반면에 행복한 사람은 이야기가 짧아서 항상 현재에 존재하고 있기 때문에 지금 일어나고 사라지는 마음을 알고 있을 뿐, 마음이 연속된다고 생각하지 않는다. 그래서 마음이 가볍다.

내 마음이 아니라
그냥 마음이다

마음을 '내 마음'이 아니라 단지 '마음'으로 아는 것이 중요하다. 좋은 마음이든 나쁜 마음이든 내 것이 아님을 알아야 한다. 마음은 충분한 조건이 있기 때문에 그에 따라 일어나고 사라질 뿐인데 사람들은 마음을 통제하고 인위적으로 만들어내려고 애쓴다. 항상 긴장이 뒤따르고 마음이 무겁다.

우리는 마음이라고 부르는 과정의 대부분을 이해하지 못하고 있다. 무엇인가를 하고, 무엇인가를 만드는 데 익숙해져 있기 때문에 단순하게 지켜볼 줄 모른다. 모든 것을 통제하고 개입하여 바꾸려고 한다. 개입하거나 통제하지 말라고 하면 다시 개입하거나 통제하지 않으려고 노력하면서 또 다른 통제를 만들어낸다.

마음이라는 현상이 일어나고 사라지는 것을 관찰하면 그 현상이 단순히 일어나고 사라질 뿐, 아무런 실체도 연속성도 없다는 걸 알게 된다. 마음을 지켜보면서 마음이 무엇을 하고 있는지 알아야 한다. 내 마음을 이해하게 되면 대부분의 문제는 사라진다. 왜냐하면 문제들의 대부분은 마음이 만들어낸 것이기 때문이다.

마음의 상태를 아는 걸로 충분하다. 만약 우리가 그 이상의 무엇을 하고자 한다면 좌절할 수도 있다. 마음은 우리 뜻대로 움직여주는 '존재'가 아니기 때문이다. 우리가 할 수 있는 최선은 자신의 마음을 꾸짖거나 정당화하지 않고, 다르게 되기를 원하거나 도망치지 않고, 죄책감이나 부끄러움 없이 지금 마음 상태를 그대로 인정하고 알아차리고 이해하는 것이다. 오해해서는 안 될 점은 이런 행위는 소극적인 태도가 아니라 마음의 속성에 따른 가장 적극적인 태도라는 점이다.

이제 위 내용들을 이해하는 데 도움이 되는 명상을 해

보도록 하자.

① 의자나 바닥에 앉아서 눈을 감고 입을 지그시 다문다. 척추를 바로 세운 다음 심호흡을 여러 번 하며 몸과 마음을 최대한 이완하라.

② 몸과 마음이 편안해지면 주의를 가만히 마음속으로 돌려 마음 안에서 일어나는 생각이나 느낌을 가감 없이, 솔직하게, 힘주지 않고, 있는 그대로 지켜보라.

③ 일어났다가 사라지는 마음, 그것이 느낌이든 후회든 걱정이든 기대든 그 어떤 것이든지 일어나면 일어나는 대로, 사라지면 사라지는 대로 있는 그대로 지켜본다. 그것들에 어떤 실체가 있는 게 아니고, 내 마음대로 되는 것이 아님을 알아차려 보라.

④ 적어도 10분 이상 바라본 후 심호흡을 세 번 하고 서서히 깨어난다.

바른
말

바른
행동

이제 좀 '고리타분한' 이야기를 하려고 한다. 우리는 말을 알아듣고 분별력이 생기기 시작한 어린 시절부터 바르게 말하고 행동하라고 배웠다. 자라나는 아이들에게도 그렇게 가르치고 있고, 앞으로도 그럴 것이다.

그렇다면 왜 바르게 말하고 행동해야 하는지, 바르게 말하고 행동하는 게 무엇인지 생각해본 적이 있는가? 바르게 말하고 행동하지 않을 때 남이 나에게 쏘아대는 눈총이 두려워서, 바르게 말하고 행동하면 그 대가로 받을 복을 기대해서, 그래야만 내 마음이 편해서… 등등. 각자의 이유가 있을 것이다.

명상을 하는 사람에게는 그 이유가 조금 다르다. 평소 바른 말과 행동을 하지 않으면 명상이 제대로 되지 않기 때문이다. 무슨 말인가? 우리는 마음챙김 명상을 하고 있다. 평소 바르지 않은 말과 행동을 하는 사람이 마음챙김 명상을 한다고 상상해보라. 바르지 않은 말과 행동을 하는 사람은 마음이 산란해서 집중이 잘 안 되고, 그런 마음으로는 지금 여기의 일을 고요하게 제대로 알아차리는 명상을 하기 어렵다.

바른 말과 행동은 명상의 필수조건

바르지 못한 말과 행동을 하면, 마음 깊숙이 일종의 죄책감이 남고 죄책감은 두려움으로 이어진다. 마음 안에 죄책감과 두려움이 있다면 마음이 고요해질 수 없고 들뜨게 마련이다. 그에 반해 죄책감과 두려움이 없는 사람은 마음이 가볍다. 바른 말과 행동을 하는 사람만이 고요하게 집중된 마음으로 명상을 할 수 있다.

요즘 서양에서 대기업을 중심으로, 마음챙김 명상이 개인과 회사의 발전을 위한 훌륭한 기술로 유행하고 있다. 그러면서 은연중 평소 아무렇게 말하고 행동하더라도 명상만 잘 하면 만사형통인 것처럼 생각하는 경향까지 생겨났다. 그러나 명상만 한다고 모든 문제가 해결되지 않는다는 현실을 모두가 서서히 깨닫고 있다. 평상시 바르지 않은 말과 행동을 하면서는 명상을 제대로 할 수 없다는 걸 알게 된 것이다. 이제는 바른 말과 행동이 수반된 '전체론적인 명상'을 해야 한다는 이야기가 나오는 이유이다.

우리는 마음챙김 명상을 통해서 '좀 더 나은 사람'이 되고자 한다. 명상적으로 보면, 좀 더 나은 사람이란 스스로에 대해 떳떳하고 두려움이 없기 때문에 마음이 고요하고 평정심을 유지하는 사람이다. 두려움이 없고 평정심을 가진 인간이 되기 위해서 우리는 바르게 말하고 행동해야 한다. 남의 시선이 두려워서 또는 나중에 복을 받기 위해서가 아니다. 명상가에게 바르게 말하고 행동한다는 건 매우 '현실적이고 실천적인' 이유에서이다.

라면을 끓여 먹기 위해서 가장 먼저 필요한 것이 무엇일까? 냄비, 물, 불, 라면? 아니다. 라면을 끓여 먹으려는 의도이다. 어떤 말과 행동을 하기 전에 맨 먼저 의도가 앞선다. 그 의도가 말과 행동으로 표현되는 것이다. 바른 말과 행동은 바른 의도의 표현이고, 바르지 못한 말과 행동은 바르지 못한 의도의 표현이다. 중요한 것은 우리의 의도이다. 우리가 좀 더 나은 사람이 되어 세상에 기여할지, 아니면 그 반대가 될지는 결국 나의 의도에 달려 있다.

의도가 말과
행동으로 나타난다

명상을 함으로써 우리는 의도를 더 나은 방향으로 바

꾸려 하고, 좋은 의도는 바른 말과 행동으로 표현되며, 바른 말과 행동이 다시 제대로 된 명상을 할 수 있도록 도와준다. 바른 말과 행동이 바른 명상으로, 바른 명상이 바른 의도로, 바른 의도가 다시 바른 말과 행동으로 선순환하는 것이다. 내가 어떤 세상을 살아갈지는 모두 나의 의도에 달려 있다고 해도 지나친 말이 아니다.

바른 말과 행동이 무엇인지는 이미 우리 모두 잘 알고 있다. 불필요하게 살아 있는 목숨을 죽이지 않고, 남의 것을 탐하지 않으며, 음행을 하지 않고, 거짓말이나 이간질을 하지 않으며, 정신을 혼미하게 하는 술이나 약물을 먹지 않는 것 등이다. 이러한 행위들을 절제하거나 감행하는 데에는 그런 의도가 앞선다. 따라서 중요한 것은 잘못된 말과 행동을 하지 않는 것 자체보다 그런 말과 행동을 이끌어내는 의도를 먼저 일으키지 않는 것이다.

이 대목에서 짚고 넘어갈 점이 있다. 살아가면서 중요하다고 생각되는 단어들, 예를 들면 행복, 평화, 우정, 친절, 관용, 사랑, 이해, 관심 등의 단어들을 떠올려보라. 대부분 마음에 관한 단어들이라는 사실을 발견하게 될 것이다. 또, 대부분 어떤 좋은 의도에 관한 것이라는 사실도 발견하게 된다.

우리가 세상을 살아간다는 건 외부로부터의 자극에 대해 내가 반응하는 과정이라고 요약해서 말할 수 있다. '나의 반응'이 바로 내가 일으키는 '나의 의도'이다. 결국 내가 바르게 말하고 바르게 행동한다는 건 내가 세상에 대해 바른 의도로 바르게 반응하면서 살아간다는 것이다.

감사하는
마음이

                                      천국이다

"감사하는 마음이 천국 그 자체이다Gratitude is heaven itself."

시인 윌리엄 블레이크의 말이다. 여러분은 감사하는 마음을 가지고 있는가? 불만에 가득 차서 감사함이라고는 찾아볼 수 없는가? 혹시 성공하기 위해서는 감사함에 안주하려는 마음이 없어야 한다고 생각하지는 않는가?

여태껏 살아오며 행복을 느꼈던 순간들을 떠올려보라. 그때 마음 안에는 분명히 감사함이 있었을 것이다. 행복하지 않았던 순간들을 떠올려보라. 그때 마음에는 감사함 대신 욕심이나 화, 불만 등이 있었을 것이다.

좋지 않은 마음 상태를 무엇이든 떠올려보라. 근심, 걱정, 후회, 욕심, 분노, 짜증, 질투, 나태, 번민, 슬픔…, 거기에 감사함이 있는가? 거꾸로 감사함이 있다면 좋지 않은 마음은 그곳에 없을 것이다. 윌리엄 블레이크가 "감사하는 마음이 천국 그 자체이다"라고 한 이유가 바로 이것이다. 천국이 있다면 분명히 그곳은 항상 감사하는 마음으로 지내는 곳일 것이다.

감사하는 마음이
행복에 이르는 길이다

명상을 한다는 건 지금 이곳에서 행복한 마음으로 지내고자 하는 것이고, 행복하기 위해서는 감사하는 마음을 키워야 하며, 감사하는 마음을 키우기 위해서 명상을 해야 한다. 우리는 명상을 통해서 감사하는 마음을 발견하고 그것을 일상생활에 이어지게 하려고 한다.

일상 중에 감사하는 마음이 일어나는 순간은 어느 때였는가? 당연하게 여겨왔던 일들에서 새로운 의미를 발견하는 순간, 감사함을 느끼게 된다. 건강한 몸과 마음을 가지고 있다는 사실, 잠자리와 식사를 걱정하지 않아도 된다는 사실, 가족들이 모두 잘 지내고 있다는 사실, 주변에 나를 도와주는 사람들이 있다는 사실, 정상적으로 숨 쉬고 보고 듣고 걸을 수 있다는 사실 등. 감사할 일은 차고도 넘친다. 우리가 그것을 외면해왔을 뿐.

당신은 가지고 있는 것에 대해서 욕심을 내는가? 아니면 가지고 있지 않은 것에 욕심을 내는가? 욕심은 언제나 내가 가지고 있지 않은 것에 대한 것이다. 반대로 감사함은 항상 내게 있는 것에 대해서 일어난다.

감사함은
일상생활 가운데에 있다

행복을 느끼는 마음에는 감사함이 있고, 감사함을 느끼기 위해서 우리는 내게 있는 것에 대해 깊이 숙고해야 한다. 행복에 이르는 길의 첫걸음은 지금 나에게서 감사할 일을 찾아내어 그것을 느끼는 것이다. 이제 간단한 감사의 명상을 해보도록 하자.

① 눈을 감고 입을 자연스럽게 지그시 다문다. 심호흡을 하면서 몸과 마음을 최대한 이완하라. 마음이 스스로 고요해질 때까지 내버려두고 기다린다.

② 가만히 주의를 기울여서 무엇이든 감사할 만한 것을 떠올려보라. 지금의 나를 있게 한 부모와 조상, 쉴 수 있는 집과 언제든 원하면 먹을 수 있는 여건, 건강한 몸과 정신, 보고 듣고 즐길 수 있는 온갖 것들. 주위에서 얼마든지 찾을 수 있다.

③ 지금까지 그런 것들을 당연하게 생각해오며 감사함

을 느끼지 못했다는 사실을 알아차려 보라. 감사할 대상이 아주 사소한 것이라도 좋다. 감사함은 거창함이나 사소함의 문제가 아니다.

④ 감사의 느낌이 깊어짐과 함께 호흡도 깊어지고 미세해져 감을 알아차려 보라. 감사와 미세한 호흡이 함께 이어지도록 하라. 감사함이 몸과 마음에 가득 차도록 해보라.

⑤ 이렇게 10분 이상 계속한 후 심호흡을 세 번 하면서 서서히 깨어난다.

사람에게는 누구나 2명의 부모가 있다. 그 아버지에게도 2명의 부모가, 그 어머니에게도 2명의 부모가 있다. 한 세대 위에는 2명의 부모가, 두 세대 위에는 4명의 부모가, n세대 위에는 2의 n제곱만큼의 부모가 있다. 그러니까 나로부터 400대를 올라가면 2의 400제곱만큼의 부모가 있는 것이다.

지금의 내가 있기 위해서 '개념적'으로는 우주 전체의 모래알 수만큼 많은 선조들이 필요하다. 그 조상들은 모두

생식이 가능한 나이 이상을 살았기 때문에 지금의 나에게까지 생명이 이어졌다. 평균 수명이 스무 살도 채 되지 않던 시절에 맹수에 쫓기면서, 추위와 배고픔에 떨면서, 전쟁과 질병의 고통 속에서 모두 살아내어 지금의 나에게 이어져 온 것이다.

이 순간 내 몸과 마음에는 우주의 모래알만큼 많았던 선조들의 몸과 마음이 함께 살아 숨 쉬고 있다. 지금 우리 모두는 이토록 소중한 삶을 살고 있다. 눈물 나게 감사한 일이다.

일상에서
　　　　　　　　명상하기

우리의 일상생활은 일종의 실험실이다. 일상은 우리에게 시험과 도전 과제를 제공한다. 명상이 일상 속의 갈등과 고충에 대처하는 데 아무런 도움을 주지 못한다면, 그것은 진정한 명상이라고 할 수 없다. 명상을 통해서 우리의 감정적 반응이 투명해지지 않는다면, 시간을 낭비하고 있는 것이다.

알아차림 명상은 이따금만 하는 수행이 아니다. 우리는 그것을 항상 하고 있어야 한다. 알아차림 명상은 순간순간의 알아차림을 일깨운다. 우리는 마음이 지어내는 온갖 현상의 발생과 성장과 소멸에 집중하는 법을 배운다. 어떤 것도 버리지 않고, 어떤 것도 그냥 지나가게 두지 않는다. 여기에는 생각과 감정과 활동과 욕망을 비롯한 모든 쇼가 포함된다. 우리는 그 모두를 계속해서 지켜보아야 한다.

따라서 명상하는 사람에게는 쓸모없는 시간이란 없다. 어떤 자투리 순간이라도 다 명상의 시간으로 바꿀 수 있다. 엘리베이터를 기다리며 조급해할 때 그 조급함에 대해서 알아차리고, 은행에서 자기 차례를 지루하게 기다릴 때 그 지루함에 대해 알아차리며, 마음에 욕심이 가득 차 있을 때 그 욕심에 대해서 알아차리면 된다.

일상의 모든 것이 명상의 대상이다

하루 종일 방심하지 말고 자신의 말과 행동과 생각을 알아차리려고 노력하라. 지금 이 순간 일어나고 있는 일이 지루하고 따분하다고 해도, 일어나는 그대로를 알아차려야 한다. 모든 자투리 순간들을 알아차림을 하는 데 활용하고, 이용할 수 있는 모든 순간들을 이용하라.

그것이 사랑스러운 것인지, 꺼림칙한 것인지, 아름다운 것인지, 부끄러운 것인지는 중요하지 않다. 그것이 어떤 식으로 존재하고 변하는지를 보아야 하고, 어떤 경험도 배제하거나 회피하지 않아야 한다. 일상을 보내다가 지루한 상태에 놓이면, 지루함을 놓고 명상하라. 그것이 어떻게 느껴지고, 작용하며, 무엇으로 이루어져 있는지 찾아내보라. 화가 나면 그 화에 대해서 명상하라. 그 화의 메커니즘을 탐색하라. 거기에서 도망치지 마라.

깊은 우울에 주저앉아 있는 자신을 발견하면 그 우울에 대해 명상하라. 초연한 탐구심으로 그 우울을 연구하라. 그것에서 무턱대고 달아나지 마라. 미로를 탐사하고 그 길을 약도로 나타내라. 이렇게 해두면 다음번에 다시 우울이

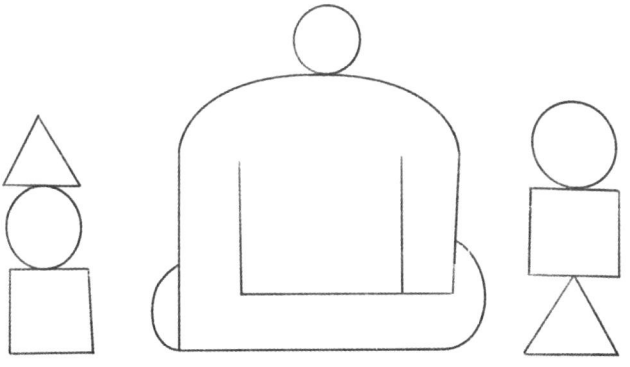

찾아올 때 좀 더 잘 대처할 수 있게 된다.

우리는 매 순간 자신의 마음을 열어둔다. 초연하고 탐구적인 태도로 끊임없이 삶을 조사하고 나름의 체험을 점검하고 자기 존재를 살펴본다. 그리하여 모든 근원에서 오는 모든 형태의 진실에 항상 열려 있다. 밤하늘에 뜬 달, 새 울음소리, 나무를 스치는 바람 소리처럼 작고 평범한 것들도 자극이 될 수 있다. 그러나 대상이 무엇인가는 그 인식에 어떤 식으로 주의를 기울이는가보다 중요하지 않다. 필요한 건 열린 준비 상태이다.

준비만 되어 있다면 당장이라도 할 수 있다. 지금 손가락에서 느껴지는 촉감이 단서가 될 수도 있고, 지금 읽어가는 이 구절의 소리만으로도 충분할 수 있다. 준비만 되어 있다면 우리는 당장이라도 알아차림에 도달할 수 있다.

알아차리는 마음은
열린 마음이다

알아차림 상태는 마음이 준비된 상태이다. 마음이 선입견이라는 짐을 지고 있거나 걱정거리에 사로잡혀 있지 않은 상태, 어떤 일이 다가오든 즉시 대처할 수 있는 상태이다. 실제로 알아차림 상태에 있게 되면, 우리의 신경계는 통찰력을 길러주는 신선함과 원기를 갖추게 된다.

알아차림 상태가 되면 문제가 일어나더라도 효과적으로, 최소한의 소란만으로 간단히 처리할 수 있다. 벌벌 떨며 거기에 있지도, 조용한 구석으로 도망치지도 않는다. 쉽게 처리한다. 전혀 해결책이 없을 것 같은 상황에서도 걱정하지 않는다. 주의를 필요로 하는 다음 문제로 그냥 넘어간다. 그렇게 우리의 직관은 아주 실용적인 방향으로 변해가는 것이다.

우리는 습관을 만들고, 그렇게 만들어진 습관에 따라 살아간다. 말하자면, 우리는 습관의 창조자이자 습관의 상속자이다. 우리가 어떤 행동을 하면 그것은 습관이 되고, 그 습관은 이후 행동 방향을 결정하게 된다. 그런 이유로 나쁜 습관을 고치려고 하는 것이다.

명상의 목표는 연이은 습관의 흐름 속에서 경험하는 모든 측면을 완전히 자각하는 것이다. 행하고 경험하는 것의 대부분이 거의 혹은 전혀 우리 주의를 받지 않는다는 점에서, 그것들은 완전히 무의식적인 상태에서 습관이 되어간다. 우리의 마음은 지금 이곳에 있지 못한 채 전혀 다른 곳에 가 있다. 우리는 자동조종장치만 작동시켜 놓고는 대부분의 시간을 백일몽과 선입견의 안갯속에서 헤매고 있는 것이다.

잘못된 습관을 고치기 위해서는 문제가 무엇인지를 먼저 알아야 하고, 문제가 무엇인지를 알기 위해서는 우선 가만히 알아차리고 지켜보아야 하지 않겠는가. 알아차림 명상으로 자신의 말과 행동과 생각을 알아차리고 지켜보는 것은 잘못된 습관이라는 문제를 해결하는 첫걸음이다. 그것만이 잘못된 습관을 고치는 유일한 방법이기도 하다.

인생이라는

　　　　　　학교

이런 생각을 해보았는가? 우리는 태어나면서 인생이라는 학교에 입학하여 배우다가, 죽으면서 인생이라는 학교를 졸업한다. 우리는 인생이라는 크고 넓은 학교에 다니는 학생이다. 여기에는 교실도 없고, 교과서도 없지만, 모든 삶이 스승이고 수업이다. 우리 모두는 삶이라는 학교에서 매일 공부할 기회를 갖는다.

이런 명상 격언이 있다. "배우고자 하는 자는 배울 것이다", "학생이 준비되면 스승이 나타난다." 우리가 배우지 못하는 것은 저항 때문이다. 저항감을 내려놓고 배우려 한다면 더 많은 것을 배울 수 있다. 진정으로 배우려고 한다면, 배울 것이다.

우리는 배우기 위해 존재한다. 그 교과 과정은 살고 있는 세계와 접촉하는 모든 관계에 해당한다. 우리가 살고 있는 세계와 접촉하는 모든 관계가 공부다. 태어나서부터 전 생애에 걸친 모든 경험은 배워야 할 귀중한 수업이다. 우리가 있는 장소가 어디든 그곳이 교육의 장인 것이다. 할 수 있는 한 자신과 자신이 관계 맺고 있는 세상에 대해 모든 것을 배워라.

삶의 모든 것은
가르침을 준다

 삶에서 무슨 일이 일어나든지 어떤 것도 의미 없다고 생각하지 마라. 모든 것은 의미가 있다. 가벼운 미소, 사소한 몸짓, 스쳐가는 느낌과 생각 하나에도 모두 의미가 있다. 그 의미를 찾아보라. 좋은 경험이든 나쁜 경험이든 상관없다. 그 경험으로부터 무언가를 배울 수 있고, 배우는 것이 우리가 여기 있는 이유이다. 이런 태도를 갖는다면 어떤 종류의 경험을 하더라도 흥미로울 것이다.

 우리에게 가장 고통스러운 경험은 무엇보다도 의미가 없다고 느끼는 경험이다. 인생에서 큰 어려움을 겪을 때조차도 그 경험에서 의미를 찾을 수 있다면, 어려움을 더 잘 다룰 수 있고 견딜 수 있고, 행복감마저 느낄 수 있다. 힘든 상황을 극복할 때마다 우리는 행복감을 느낀다. "난 해냈다. 이번 경험을 통해서 또 배우고 성장했다"라고 생각될 때 행복감을 느끼는 것이다.

 정신적인 성장은 살아온 햇수가 아니라 삶을 살아가는 방식에 있다. 성장하기를 원한다면 마음을 챙기면서 올바른 일을 하기 위해 최선을 다하라. 즉시 반응하거나 화를 내지 마라. 경험으로부터 무언가를 배워라. 성장함을 느낄 것이고, 행복하고 만족스러울 것이다. 힘든 고통 속에서조차 만족을 느낄 수 있다.

모든 고통을 피할 수는 없다. 그것은 불가능하다. 그러나 고통을 의미 있게 만들 수는 있다. 고통을 의미 있게 만드는 것, 이것이 중요하다. 고통을 의미 있게 여길 때 만족감을 느낀다. 사람의 마음은 흥미롭다. 명상을 하는 사람은 피할 수 없는 고통을 받아들이고 거기에서 배우고 겪어 나간다.

시련을 통해
배워 나간다

우리가 이곳에 있는 이유는 배우기 위해서이지 감각적 쾌락을 즐기기 위해서가 아니다. 쾌락을 삶의 목적으로 여긴다면, 불행해질 것이다. 그런 사실을 우리는 주변을 통해 잘 확인하고 있다. 반대로 삶의 목적을 배움에 둔다면, 행복과 만족을 발견하게 될 것이다. 삶이 의미 있어진다.

어떤 일이 일어났을 때, 일어나지 말았어야 할 일이라

거나 실수라고 생각하지 마라. 무슨 일이 일어나든 충분한 이유와 원인이 있다. 그것이 어떤 일이 생겨나는 이유다. 원인 없이는 어떤 것도 일어날 수 없다. 무슨 일이 일어나든지 그것으로부터 무엇인가를 배워라.

성장은 시도와 실수의 연속이자 진행 과정이다. 우리는 실수를 하고 또 시도한다. 삶에는 어떤 안내도 받지 못하는 상황들이 있다. 그럴 때면 무엇을 해야 할지 앞길이 막막하다. 그럴수록 당장 할 수 있는 일에 최선을 다하라. 최선을 다했지만 좋은 결과를 가져오지 못했다면 행동하는 방식, 태도, 말, 습관을 바꾸도록 하라. 배우기 위해 노력하고 다시 시도하라. 인생은 실험에 실험을 거듭하는 경험의 연속이다. "나는 배우고 변화하고 성장할 거야"라고 되뇌어야 한다. 경험하지 않는 사람은 성장하지 못한다. 실수를 저지르고 바로잡지 못하면 성장하지 못하는 것이다. 사람들은 누구나 실수를 하지만, 잘못을 고치지 않으면 같은 실수를 되풀이하고 성장하지 못한다. 실수할 때마다 바로잡는다면 성장할 것이다. 자신이 배우고, 성장하고 있음을 알게 되면 편안함을 느끼며, 배울수록 더 편안함을 느끼게 된다.

인생 학교의 수업은 배울 때까지 다양한 형태로 진행

된다. 하나의 과정을 마쳤다고 해서 끝난 것이 아니라 또 다른 수업이 준비되어 있다. 그것은 더 깊이 있고 의미심장한 수업이다. 가장 중요한 수업은 자신의 내면을 깊이 들여다보고 배우는 일이다. 그것이 명상이다. 자신의 몸과 마음을 더욱 마음챙겨 알아차려라. 몸과 마음은 아주 가벼운 생각과 감정의 변화들도 말해주고, 가르쳐주고 있다. 내면에서 흐르는 소리가 알려주는 깊은 의미를 따른다면 당신은 행복할 수 있을 것이다. 인생은 학교이고 우리는 그곳의 학생이다.

자애

　　　　　　　　　명상

누군가를 미워하고 잘못되기를 바라고 있을 때, 마음이 평화롭고 행복하던가? 분명 그렇지 않을 것이다. 거꾸로 누군가에 대해 사랑의 마음으로 행복을 기원할 땐 마음 역시 평화롭고 고요할 것이다. 세상 이치는 이와 같다.

자애명상은 자기 자신과 사랑하는 사람, 그리고 세상의 모든 존재들에게 자애의 마음을 전함으로써 마음의 평화와 고요함을 얻어가는 명상이다. 타인의 행복을 기원함으로써 자신이 행복해지는 것이다. 우리 각자에게는 나만이 알고 있는 수많은 기쁨과 슬픔이 있다. 우리는 자신의 기쁨과 슬픔에 공감하는 타인에게 고마워하며, 그런 타인의 기쁨과 슬픔에도 기꺼이 동참할 마음을 가지고 있다.

몇 년 전 미국 샌프란시스코의 종합병원에서 한 의사가 이런 연구를 했다. 250명의 환자들을 그들의 건강과 행복을 위해 기도하는 사람이 있는 집단과, 그런 기도를 해주는 사람이 없는 집단으로 나누었다. 연구 대상이 된 환자들은 연구 내용에 대해 전혀 알지 못했다. 연구 결과, 기도를 받은 집단의 환자들이 그렇지 않은 집단의 환자들보다 평균 5일 일찍 퇴원했고, 더 적게 감염되었으며, 여러 질병에서 보다 빨리 회복되었다. 그러나 의사들은 이 연구 결과를 이해할 방법을 찾지 못해 당황했다.

우리는 서로 연결되어 있다. 마하트마 간디가 이렇게 말한 적이 있다. "나는 모든 존재가 본질적으로 하나라고 믿는다. 한 사람이 영적으로 성장하면 온 세상이 성장하고, 한 사람이 피폐해지면 온 세상도 그만큼 피폐해질 것이다." 결국 다른 사람의 행복이 나의 행복이고, 나의 행복과 다른 사람의 행복은 연결되어 있다.

우리는 서로
연결되어 있는 하나다

내가 매일 대하고 있는 사람들이 불편한 마음을 가지고 있으면 나의 마음도 불편해진다. 나의 마음이 편하면 주변 사람들의 마음도 편할 것이다. 나와 타인의 행복과 평화를 기원하는 자애명상은 결국 온 세상의 행복과 평화를 기원하는 명상이다. 지금까지 이야기해온 마음챙김 명상이 '지적'인 명상이라면, 자애명상은 '감성적'인 명상으로서 마음챙김 명상을 보완하고 마음의 폭과 너그러움을 키우는 명상이다.

이제 간단한 자애명상을 해보고 이야기를 더 진행하

도록 하자. 자애명상의 기본 원리는 자신의 행복과 평안을 기원하는 것으로부터 시작해서 점차 그 범위를 넓혀 나갔다가, 다시 자신의 행복과 평안을 기원하는 순서로 마치는 것이다.

① 지금 있는 자리에서 눈을 감고 입을 지그시 다물고 몸과 마음을 편안히 릴랙스하라. 심호흡을 천천히 세 번 하면서 스스로에게 명상이 시작됨을 알려준다. 마음속으로 아래와 같이 말하며 그 이미지를 그려보라.

② "내가 적의에서 벗어나고, 번민에서 벗어나고, 고통에서 벗어나기를. 늘 건강하고, 안전하고, 행복하기를. 내가 늘 자유롭기를."

③ "어머니가 적의에서 벗어나고, 번민에서 벗어나고, 고통에서 벗어나기를. 늘 건강하고, 안전하고, 행복하기를. 어머니가 늘 자유롭기를."

④ "아버지가 적의에서 벗어나고, 번민에서 벗어나고, 고통에서 벗어나기를. 늘 건강하고, 안전하고, 행복하

기를. 아버지가 늘 자유롭기를."

⑤ "아들(딸)이 적의에서 벗어나고, 번민에서 벗어나고, 고통에서 벗어나기를. 늘 건강하고, 안전하고, 행복하기를. 아들(딸)이 늘 자유롭기를."

⑥ "친구들이 적의에서 벗어나고, 번민에서 벗어나고, 고통에서 벗어나기를. 늘 건강하고, 안전하고, 행복하기를. 친구들이 늘 자유롭기를."

⑦ "내가 적의에서 벗어나고, 번민에서 벗어나고, 고통에서 벗어나기를. 늘 건강하고, 안전하고, 행복하기를. 내가 늘 자유롭기를."

⑧ 몸과 마음에 자애의 느낌이 가득하도록 잠시 머물렀다가, 심호흡을 세 번 하고 서서히 깨어난다.

여기에서는 하나의 예를 들었지만, 각자 자신이 처한 상황에 따라서 자애의 마음을 보낼 대상을 선택하여 자애명상을 더 진행하면 된다.

자신이 행복하지 않다면,
결코 다른 사람을 행복하게 할 수 없다

자애명상은 항상 자신에게 자애의 마음을 보내는 것으로부터 시작한다. 자신에게 자애의 마음이 없는데 다른 사람에게 자애의 마음을 보낼 수는 없기 때문이다. 자신을 사랑하는 사람만이 타인을 사랑할 수 있다. 그렇게 타인에 대한 자애명상을 거쳐 다시 자신에게로 돌아오는 것으로 자애명상을 마무리하여야 한다.

임종에 가까워진 소설가 올더스 헉슬리에게 누군가가 그간 많은 영적 스승들에게서 무엇을 배웠는지 물었을 때, 헉슬리는 이렇게 대답했다고 한다. "한마디로 다만 친절해지는 법을 배웠습니다"라고. 자애명상을 통하여 우리는 나와 타인을 향해 관심을 기울이고, 더 큰 이해심과 연민과 사랑의 감정으로 자신과 타인의 삶을 바라보게 된다. 자애명상은 마음을 고요하게 하며 가슴을 부드럽게 열리도록 한다.

자애명상을 통하여 우리는 타인의 행복을 기원하는 것이 나의 행복을 기원하는 것이고, 내 행복이 타인의 행복과 연결되어 있으며 결국 우리는 모두 서로 연결된 하나라

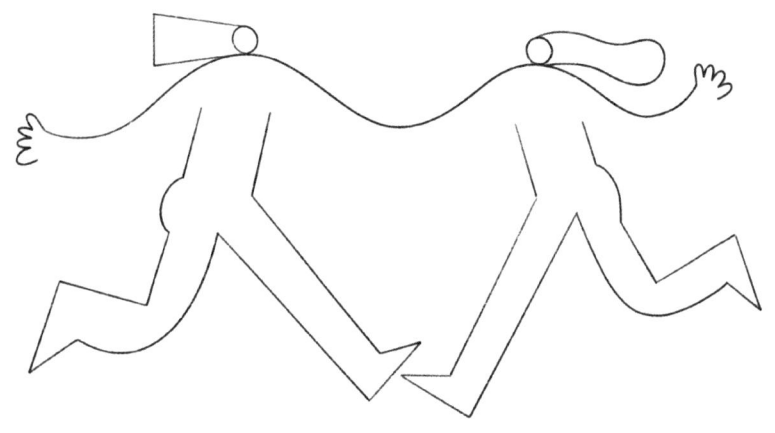

"자신을 사랑할 수 있는 사람만이
타인을 사랑할 수 있다."

는 사실을 깨닫게 된다. 세상을 새로운 눈으로 바라보게 되는 것이다.

습관의

　　　　　　　　힘

우리가 습관대로 살아간다는 데에 동의하는가? 주변 사람들을 살펴봐도 그렇고, 자신을 생각해봐도 그렇다. 혹시 초등학교 동창생을 수십 년 만에 만난 적이 있는가. 그 친구들의 성격이나 습관이 변해 있던가? 아마 그렇지 않을 것이다. 오히려 어떤 방향으로 더 굳어져 있는 사실을 발견할 수도 있다. 성격과 습관은 시간이 흐르며 반복될수록 더 단단해진다. 우리가 어떤 일을 하면 그 일 자체로서 의미를 가지고, 그 행위 자체가 습관을 강화한다. 이것이 카르마 karma, 즉 '업'이라고 하는 것이다.

대부분 사람들의 삶은 일상적으로 반복되는 일들의 연속이고, 반복되는 일상 가운데 가끔 특별한 일들이 벌어지고 있을 뿐이다. 매일 반복되는 일상에서 해오던 대로 일을 처리해 나간다. 습관대로 살아간다. 말하자면 '자동조종장치' 모드로 살아가는 것이다. '자동조종장치'가 극대화된다면 동물의 삶과 별로 다를 것이 없다.

우리는 습관의 창조자이자
습관의 상속자

습관에 따라 살아간다는 점에서 우리는 습관에 지배당하고 있다. 그 습관은 누가 만드나? 바로 자신이 만든다. 우리는 습관을 만들고 그렇게 만들어진 습관에 의해 조종당한다. 그래서 우리는 '습관의 창조자이자 습관의 상속자'인 것이다.

습관이 이끄는 대로 살아가는 인생을 과연 자유로운 삶이라고 할 수 있을까? 아니다. 그것은 '습관의 노예'인 삶이다. 더구나 그 습관이 나쁜 습관이라면 삶의 질이 좋을 수 없다. 술 마시는 일이 습관이 되면 알코올 중독이 될 것이고, 담배 피우는 일이 습관이 되면 온갖 질병에 노출될 것이며, 남을 속이거나 남의 물건을 훔치는 일이 습관이 되면 범죄를 저지르게 된다.

그런데 희한한 사실은 나쁜 습관은 쉽게 몸에 익지만, 좋은 습관을 익숙하게 하는 일은 쉽지 않다는 점이다. 일찍이 이러한 사실을 간파한 현자는 "익숙한 일은 낯설게 하고 낯선 일은 익숙하게 하라"라고 매우 실용적인 가르침을 주었다. 나쁜 습관은 쉽게 익숙해지니 절제해서 낯설게 하고, 좋은 습관은 익숙해지기 어려우니 익숙해지도록 힘쓰라는 말이다.

좋은 습관에 어떤 것들이 있는지 굳이 나열하지 않더

라도 이미 잘 알고 있을 것이다. 아침 일찍 일어나는 일, 매일 운동하는 시간을 갖는 것, 주변 사람들에게 화내지 않기, 과일과 야채 챙겨 먹기 등등. 좋은 습관이 어떤 것인지 모르기 때문에 좋은 습관을 갖지 못하는 것이 절대 아니다. 어차피 우리가 습관의 지배를 받는, 습관을 벗어날 수 없는 존재라면, 나쁜 습관이 아니라 기꺼이 좋은 습관의 지배를 받음으로써 보다 행복한 삶을 살아가야 한다.

자, 이제 명상의 관점에서 설명을 이어가 보자. 우리는 눈, 귀, 코, 혀 등의 감각기관들로 세상과 접촉하고 세상을 받아들인다. 그 순간 우리에게는 어떤 느낌이 일어난다. 좋은 느낌이거나 나쁜 느낌이다. 그런데 좋은 느낌, 예를 들면 좋은 풍경, 소리, 냄새, 맛에 대해서는 더 가지려 하고, 반대로 나쁜 느낌에 대해서는 가능하면 떨쳐버리려고 한다. 좋은 느낌에 대해서는 '갈애'의 마음으로, 나쁜 느낌에 대해서는 '화'의 마음으로 반응하는 것이다.

갈애와 화가

습관을 만든다

이 갈애와 화가 문제다. 갈애와 화가 반복되면 습관이 된다. 술과 담배가 나쁜 습관인 줄 알면서도 중단하지 못하는 이유는 무엇일까? 적어도 그것을 하는 사람에게는 좋은 느낌을 주어 갈애의 마음을 일으키기 때문이다. 타인의 진심 어린 충고를 무시하는 것이 안 좋은 습관인 줄 알면서도 들으려고 하지 않는 이유는 무엇일까? 충고를 듣는 사람에게 나쁜 느낌을 주어 화의 마음을 일으키기 때문이다. 결국 습관을 추동하는 힘은 갈애와 화인 것이다. 그렇기 때문에 습관을 바꾸기 위해서는 잘못된 갈애와 화의 마음을 바꾸는 것으로부터 시작해야 한다.

세상의 자극들이 나의 감각기관으로 들어와서 어떤 느낌을 일으키고 그 느낌이 좋은 것인지 나쁜 것인지에 따라서 자신이 갈애와 화의 마음으로 반응하는 그 전체 과정을 지켜본 적이 있는가? 명상을 하지 않는 대부분의 사람들은 이런 과정을 한 번도 지켜본 적이 없었을 것으로 생각한다.

마음챙김 명상은 이러한 진행 과정을 가감 없이 있는 그대로 지켜봄으로써 그 작동 방식 전체를 이해하고자 한다. 습관을 억지로 바꾸는 것이 아니라 습관을 이해함으로써 변화가 일어난다. 아주 사소한 차이 같지만, 전혀 다른 자세다. 근본적인 변화는 진실로 이해할 때에만 가능하다.

나의 느낌과 그 느낌에 어떻게 반응하여 갈애와 화의 마음을 일으키는지 이해함으로써, 결국 내가 실체도 없는 갈애와 화에 부질없이 휘둘리고 있다는 사실을 이해할 때에만 갈애와 화의 마음으로부터 진정한 해방이 가능한 것이다. 비로소 우리는 '느낌'과 '습관'의 노예가 아니라 자유 상태가 된다. 진정한 자유인은 나의 느낌이나 습관이 어떻든지에 상관없이 '지금 해야 할 일'을 거리낌 없이 실천하는 사람이다.

에세이3

다른 사람의
인생을

들여다보는
일

서울북부지검 앞에 변호사 사무실을 열었다. 먼저 사건 한 건의 수임료가 몇 개월치 검사 월급에 맞먹는다는 사실에 놀랐고, 이렇게 변호사에게 의뢰할 형사사건이 많다는 데 놀랐다. 물론 변호사 당사자에게는 좋은 소식이다.

검사를 사직한다는 소식을 듣고 눈물을 보이면서 말렸던 아내가 변호사 생활 몇 개월이 지나자 왜 진작 변호사 개업을 하지 않았느냐고 말을 바꾸는 데에는 돈이라는 게 참 좋은 것이라고 생각할 수밖에 없었다. '정의구현'을 위해 수행했던 검사직에서 멀어져, '정의구현'은 뒷전이 되었고 돈이 앞에 나서는 기분이었다. 경제적인 여유와 자유로움이 생기니 하고 싶었던 일들을 하고, 사고 싶었던 물건을 살 수 있게 되었다. 돈에 구애받지 않는 삶이 행복의 조건이 된다는 데에 대해서는 지금도 이견이 없다.

마흔 살에 검사에서 변호사 개업을 하니 때마침 사법시험 동기, 검사 임관 동기들이 전국 각지에서 검사, 판사로서 중요한 직책들을 맡고 있었기 때문에 솔직히 일하기 수월했다. 사건의 결과야 어떻게 되든 우선 변호사인 내 말을 귀담아 들어준다는 사실 자체로 말이다.

또 이른바 '잘나가는 검사 출신 전관 변호사'로서 재벌그룹 회장 관련 사건을 선임하여 변호하는 일이 수없이 많앉다. 재벌그룹 회장이라 하면 누가 보더라도 돈이 많은 사람들인데 그 사람들은 과연 어떤 생각을 하고, 어떤 가치관을 가지고 있으며, 과연 행복하게 살고 있는지, 평소 궁금하게 여겨왔던 사항들을 바로 옆에서 확인할 수 있는 절호의 기회였다.

그러나 예상과 달리, 또는 예상했던 대로 내가 변호한 재벌그룹 회장들의 공통점은 불행하게도 대부분 돈에 모든 가치를 두고, 돈을 위해서라면 수단과 방법을 가리지 않는 가치관을 가지고 있었다는 점이다. 어떤 면에서는 평범한 사람들보다 더 인색하고, 주변 사람들을 안하무인으로 대하거나, 사람을 믿지 않는 태도를 가지고 있었다. 그러니 항상 마음이 불안하고 초조할 수밖에 없다. 결코 행복한 인생을 살지 못한다는 사실을 발견했다.

한번은 모 건설사 회장의 업무상 횡령 사건을 검찰에서 변호한 적이 있다. 그 건설사 회장의 사무실에 갈 때면, 70대 초반인 회장은 내 앞에서도 마치 독재자처럼 부하 직원들에게 함부로 말을 하고, 자신의 지시에 조금만 늦게 반응해도 인격적인 모욕을 주었다. 그 장면들을 지켜보는 내가 오히려 무안함을 느낄 정도였다.

그런데 희한하게 모든 직원들이 그렇게 모욕을 당하면

서도 하나같이 타고난 성격 자체가 착하고 고분고분하다는 느낌을 받았다. '이 회사는 직원들을 착한 사람들로만 잘 선발했다. 그러니 저런 못된 회장 밑에서도 회사를 잘 다니고 있지'라고 생각했다. 그래서 언젠가 회사 전무에게 이런 내 생각을 넌지시 말했더니 그 전무가 하는 말이 걸작이다. "그게 아니라 회장님 성격을 견디지 못하는 직원들은 다 자진퇴사하고 그렇지 않은 직원들만 남아서 그런 겁니다." 세상일에는 언제나 양면이 있게 마련이다.

검사 시절에는 사람의 죄를 단죄하는 자리에 있었으므로 오히려 대상자들의 입장을 공감하지 못하는 면이 있었다면, 변호사로서는 인생의 어려운 시기에 빠져 있는 의뢰인들과 짧게는 몇 달, 길게는 몇 년간을 지내며 속에 있는 이야기를 듣게 되면서 의뢰인들을 공감하게 되는 좋은 면이 있었다. 돈을 받아가며 다른 사람의 인생을 이렇게나 깊이 들여다볼 수 있는 직업이라니.

변호사를 하면서 발견했다. 사람은 돈이 많든 적든, 많이 배웠든 적게 배웠든, 나이와 성별에 상관없이 누구나 각자의 고민을 가지고 있으며, 그 고민은 본질적으로는 비슷하다는 것을. 사람의 마음 작동 원리는 비슷해서 좋은 것에는 욕심을, 싫은 것에는 화를, 잘 알 수 없는 것에는 어리석음으로 반응한다는 것을.

검사였다면 월급만으로는 벌지 못하였을 돈을 변호사로 일을 하면서 벌었다. 물질적으로 분명히 풍족하였고, 지금도 그렇다. 열심히 일해서 돈을 많이 번 변호사이므로 누군가는 나를 성공한 변호사라고 할 것이다.

경제적인 여유가 있으니 아들과 딸을 좋은 환경에서 교육받게 할 수 있었고, 아내 역시 하고 싶은 일을 마음껏 하게 되었다. 무난한 가정생활 역시 변호사로 일하며 얻은 경제적 힘 때문이라 해야 할 것이다.

그러나 깊이 생각해보면 이것이 과연 인생의 성공일까? 나는 아무리 생각해도 이것이 인생의 성공이라고 하기에는 너무 단순하고 천박하다고 본다. 왜 성공이 아닐까, 성공이라고 하기에는 무엇이 부족한가.

변호사 개업을 한 가장 큰 이유는 돈이 아니라, 수행할 시간을 좀 더 갖기 위함이었다. 경제적인, 가정적인 성공이 최종적인 인생의 성공이 아니라고 깨달을 수 있었던 건, 변호사 개업 이후에도 꾸준히 해오던 명상수행 덕분이다. 명상수행을 더 하기 위해서 변호사 개업을 하였는데 변호사업을 통해서 돈을 벌고, 가정이 편해졌다고 해서 목표를 달성했다고는 말할 수 없을 것이다. 그렇다면 고등학교 졸업 이후 여태까지 해온 수행을 통해서 결론 내린 '인생의 성공'은 무엇일까?

제4장

진정한

자유인이
되려면

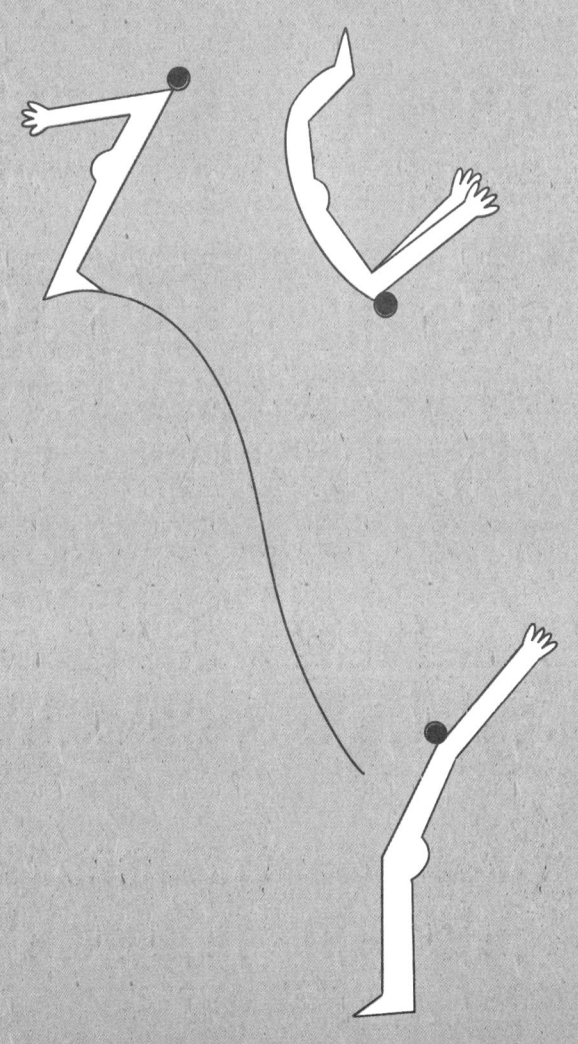

생각

바라보기

'바라본다'는 말의 의미를 깊이 생각해본 적 있는가? 바라보는 일에는 최소한 바라보는 주체와 바라봐지는 대상이 있어야 한다. 바라보는 주체와 바라봐지는 대상이 구분되지 않는다면, 처음부터 '바라본다'는 행위는 불가능하다. 한발 더 나아가 보면, '바라봐지는' 어떤 것은 '바라보는' 주체일 수 없다는 사실을 알 수 있다. 결국 내가 바라보는 대상은 그걸 바라보는 나와는 다른 것이라는 말이다.

오늘날 사람들 사이에 흔한 질병인 공황장애와 우울증은 명상의 관점에서 보면 너무나 많은 생각이 일어나 그것에 사로잡히는 게 원인이다. 객관적으로는 도저히 일어날 수 없는 일에 대한 과도한 걱정과, 미래에 관한 불안한 생각이 걷잡을 수 없이 일어나 통제할 수 없게 된다. 이러한 성향은 원시시대 때 언제나 최악의 상황을 가정하여 주변으로부터의 위험에 대비해야만 했던 나약한 인간의 숙명 때문에 갖게 된 것이다. 이런 성향이 오늘날의 사람들에게까지 이어져 전혀 그럴 필요가 없는 상황에서도 비관적인 상황을 가정하고 대비하려는 생각을 하게 만들었다.

즐거운 생각보다
나쁜 생각이 더 강하다

어떤 심리학자에 의하면, 사람들은 즐거운 일보다 같은 정도의 나쁜 일을 세 배 더 크게 받아들인다고 한다. 다시 말하면, 100만 원을 버는 것보다 100만 원을 잃는 것을 세 배 슬픈 일로 생각한다는 거다. 결국 좋은 일과 나쁜 일이 같은 정도로 일어나는 인생에서 기쁜 일보다 세 배의 나쁜 일이 자신에게 일어나는 것으로 인지하게 되고, 이런 생각이 확고해지면서 공황장애나 우울증에 빠지게 된다는 설명이다.

당신은 원치 않는 생각들이 일어날 때 어떻게 처리하는가. 그것을 억누르는가, 아니면 회피하려 하는가? 생각들을 억누르거나 회피하려 하면 할수록 생각들이 더욱 커져서 생각에 오히려 더 말려 들어가는 경험을 했을 것이다. 생각은 원래 그렇다. 생각을 억누르거나 회피하려 할수록 생각에 에너지를 주어서 생각이 더욱 힘을 갖게 된다.

지금 핑크색 코끼리를 한번 생각해보라. 생각해봤나? 자, 그러면 이제는 5초 동안 핑크색 코끼리를 생각하지 말아 보라. 어떤가. 핑크색 코끼리를 떠올리지 않을 수 있는가? 핑크색 코끼리를 생각하지 않으려 할수록 핑크색 코끼리가 더 떠오르는 경험을 하게 될 것이다. 생각은 처음부터 내 것이 아니다. 내 것이 아니기 때문에 내 마음대로 할 수 없다. 소리나 냄새와 마찬가지로 나에게 일어났다가 사라질 뿐이다.

이 점을 이해하는 것이 중요하다. 생각은 그냥 나를 스쳐 지나가는 것일 뿐, 원래부터 고정된 실체가 없다. 그런데 생각을 억누르거나 회피하려 하는 것은 생각이 실체가 있다는 걸 전제로 한다. 실체가 없는 생각에 실체가 있는 것처럼 전제하고서는 그것을 억누르거나 회피하려 한다면 처음부터 잘못된 것이다.

그러면 어떻게 하는 것이 제대로 된 대처 방법일까? 생각을 있는 그대로 바라보아야 한다. 생각을 바라본다는 건 생각이 실체가 있는지 없는지와는 관계가 없는 일이다. 일반 사람들은 원치 않는 생각을 처리하기 위해서 억누르거나 회피하는 방법 외에는 알지 못하지만, 명상을 하는 사람은 억누르거나 회피하지 않는 제3의 방법인 생각 바라보기를 한다.

생각 바라보기는 거룩한 행위이다

생각을 바라본다는 건 생각을 억누르는 '강압적인' 태도가 아니며, 생각을 회피하는 '무관심한' 태도도 아니다. 생각 바라보기는 그 중간의 길이다. 생각에 자유와 여유를 주면서도 적절한 관심을 기울이는 중립적인 태도이다.

이렇게 함으로써 우리는 좋은 생각이든, 나쁜 생각이든 우리 인생의 일부로 받아들이고 이해하려 한다. 내 생각을 이해함으로써 삶을 이해하고자 한다. 생각이 어떻게 일어나서 사라지고 나에게 어떤 영향을 주는지 그 전 과정을 이해함으로써만 생각의 진정한 극복이 가능하다. 그러므로 나의 생각을 바라본다는 것은 나를 진정으로 이해하려는 '거룩한' 행위이다.

이제 생각 바라보기 명상을 해보자.

① 앉은 자리에서 척추를 바로 세우고 눈을 감고 입을 지그시 다물고, 몸과 마음을 최대한 이완한다. 심호흡을 세 번가량 하면서 더욱더 릴랙스해본다.

② 주의를 가만히 마음 안쪽으로 돌려서 마음속에서 일어나는 생각을, 그것이 무엇이든지 알아차려 본다. 여태까지 생각이 곧 나 자신이라고 동일시했기 때문에 처음에는 생각을 대상으로 바라보기가 어려울 수 있다. 그러나 할 수 있는 범위 내에서 생각을 바라보라.

③ 생각을 바라보면 어떤 경우에는 생각의 끝자락만을 볼 수도 있다. 그래도 괜찮다. 계속하다 보면, 생각이 일어났다가 지속되었다가 사라지는 전 과정을 볼 수 있을 것이다. 중요한 건 생각을 해석하거나 그 내용을 보는 게 아니라 생각이 일어났다가 지속되었다가 사라지는 과정을 보는 것이다.

④ 충분히 생각을 바라본 후, 심호흡을 세 번 하고 서서히 깨어난다.

지혜로운

                    사람

한 사람이 다른 사람에게 할 수 있는 최고의 찬사가 무엇이라고 생각하는가? 아마도 "저 사람은 참 지혜롭다"라는 말이 아닐까 한다. 지혜롭다는 칭찬은 내가 다른 사람으로부터 듣고 싶은 말이기도 하다. 지혜롭다는 것은 평범한 말인 듯하지만 곰곰이 생각해보면, 판단력이 좋다, 균형감각이 있다, 말과 행동이 상황에 맞게 적절하다는 등 여러 가지 뜻을 포함하고 있어서 모든 면에서 흠잡을 데가 없다는 뜻이기도 하니 최고의 찬사라고 할 수 있다.

지혜롭다는 건 구체적으로 무엇인지, 지혜로운 사람이 되려면 어떻게 해야 하는지를 깊이 생각해본 적이 있는가? 우리는 명상이라는 방법을 통해서 좀 더 지혜로운 사람이 되고자 한다.

지혜로운 마음에는 두 가지 특징이 있다

지혜롭다는 것에는 두 가지 의미가 있다. 첫째는 '유익성'을 잘 이해하고 실행하는 것이다. 유익한 일이 무엇인지를 정확히 알아서 유익한 일을 하고, 유익하지 않은 일은 하지 말아야 한다. 유익하지 않은 일인데도 유익하지 않다는 사실을 몰라서, 또는 유익하지 않음을 잘 알고 있으면서도 그것을 계속하고 있다면 지혜롭다고 할 수 없다.

지혜롭다는 것의 두 번째 의미는 '적절성'이다. 일을 할 때 최소의 노력으로 최대의 효과를 가져오도록 효율적으로 대응하는 것을 말한다. 어떤 일이 진행됨에 따라서 그 시점에 맞는 적절한 행동을 해야 할 텐데 상황에 맞지 않게 엉뚱한 행동을 한다면 에너지와 시간만 낭비되는 것이다. 이 역시 지혜롭지 못하다.

유익한 일을 적절하게 처리하는 힘은 결국 지혜로운 마음에서 생겨난다. 마음이 흥분되고 들뜬 상태에서 조급하게 결정하여 일을 처리하면 대부분 잘못되거나, 후회스러운 경험으로 남은 적이 많았을 것이다. 반대로 차분하고 안정된 마음으로 충분히 숙고한 후 결정하고 처리한 일들은 최선 아니면 차선의 결과로 이어졌을 것이다. 지혜로운 마음은 고요하고 침착한 상태에서 나오는 것이지 흥분되고 불안한 마음에서 나올 수 없다.

따라서 우리는 명상을 통하여 고요하고 안정된 마음 상태를 키워나가려 한다. 이는 마치 수면이 고요한 호수가 대상을 거울처럼 그대로 비춰주는 것과 같다. 마음이 동

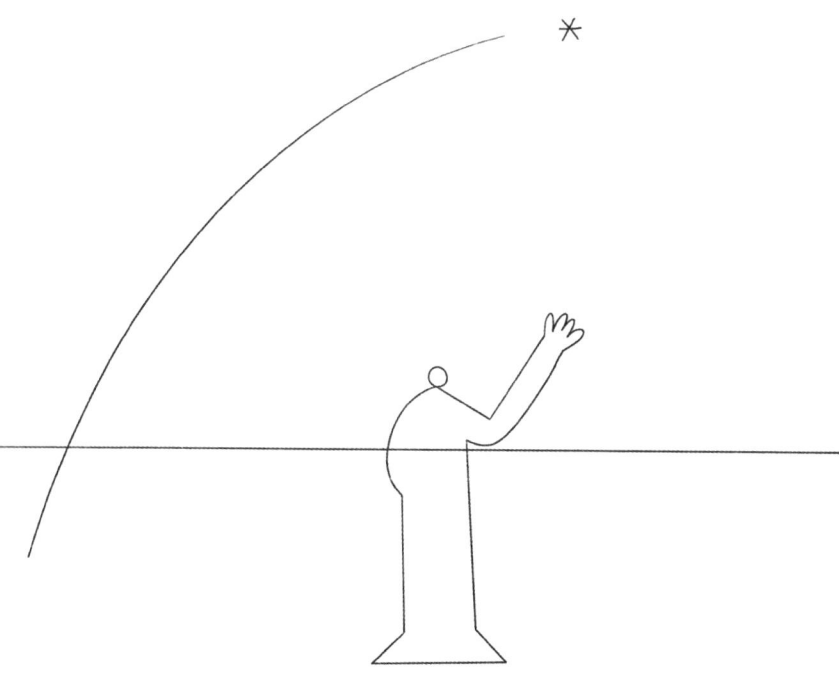

요하여 물결이 치는 호수면과 같다면 있는 그대로를 볼 수 없고 지혜로운 판단도 할 수 없다. 마음의 고요함과 안정감을 키우는 명상을 통해서 우리는 고요한 호수면 같은 마음 상태로 들어서 선입견이나 편견 없이, 열린 마음으로 모든 것을 받아들임으로써 적절한 판단을 하게 되는 것이다.

지혜로움의 두 가지 성질, 즉 유익성과 적절성은 고요한 마음 상태일 때 생겨나는 것이지 흥분되고 들뜬 마음으로는 기대할 수 없다는 사실을 아는 것이 중요하다. 안정되고 침착한 마음 상태로 나에게 일어나는 일들을 유익성과 적절성의 관점에서 있는 그대로 바라보게 될 때, 무엇이 유익하거나 해로운지, 어떻게 대처하는 것이 적절하거나 부적절한 행위인지가 저절로 드러나게 되고, 그렇게 드러난 유익하고 적절한 행위를 꾸준히 해나가면 된다.

중요한 것은 안정되고
지혜롭고자 하는 마음가짐

그러나 고요한 상태가 되는 것이 어디 쉬운가. 쉽사리 안정된 마음 상태에 이르지 못하더라도 실망하지는 말자.

누구든지 마음은 자기 생각대로 되지 않고 마치 고삐 풀린 망아지처럼 이리저리로 치닫는다. 마음이란 처음부터 그런 것이다. 원래부터 고요하고 안정된 마음을 가지고 태어나는 사람은 장담하건대 아무도 없다. 중요한 것은 고요하고 안정되고 차분한 마음 상태가 되려고 노력하는 마음가짐 자체이다.

법구경에 나오는 제1번 게송의 유명한 문구를 아는가? "마음이 모든 것에 앞선다"이다. 우리의 마음이 모든 것에 앞서고 다른 것들은 그 뒤를 따라간다. 좋은 마음에는 좋은 행위와 결과가, 나쁜 마음에는 나쁜 행위와 결과가 따라간다. 모든 것에 앞서서 나아가는 우리의 마음이 보다 안정되고 가볍다면 이어지는 모든 것들 역시 편안하고 순조로울 것이다.

결국 지혜로운 사람은 안정되고 고요한 마음으로 자신에게 일어나는 모든 것들에 열린 자세를 지니며, 현명하고 적절하게 반응하면서 더욱 지혜로운 마음을 키워 나가는 선순환에 든 사람이다. 우리는 분명 지금보다 더 지혜로운 사람이 될 수 있다.

누가

진정한

                         자유인인가

어떤 사람이 자유로운 사람이라고 생각하는가? 혹시 다른 사람 눈치 안 보고 마음이 내키는 대로 거리낌 없이 행동하는 사람이라고 생각하고 있지는 않은가?

방송이나 잡지에서 흔히 볼 수 있는 인터뷰를 가정해 보자. 기자가 예술계나 연예계에서 몹시 튀는 면모를 가지고 있는 유명인사에게 "선생님은 어떻게 살아오셨나요?"라고 묻는다. 유명인사는 이렇게 대답한다. "나는 내 느낌에 따라서, 내 감정에 충실하게, 남의 눈치 안 보고 살아왔습니다. 비난도 많이 받았지만, 그런 것에 개의치 않아요." 이 대답에 기자는 이렇게 말할 것이다. "아! 선생님은 진정한 자유인으로 살아오셨군요. 참 부러운 인생입니다."

이 대화 내용 뒤에 숨어 있는 뜻이 무엇인지 생각해본 적 있는가? 내게 일어나는 느낌과 감정이 시키는 대로 그것들에 따라서만 살아가는 사람이 진정한 자유인일까? 자유를 제한하는 다른 가치들은 자유를 위해서라면 필요하지 않을까?

느낌과 감정에
충실한 것이 자유일까?

세상을 살아간다는 건 명상적으로는 눈, 귀, 코, 혀, 피부, 뇌의 여섯 가지 감각기관을 통해서 들어오는 자극과 그것에 반응하는 과정이다. 그런데 감각기관을 통해서 어떤 자극들이 들어오면 반드시 어떤 느낌들이 일어나게 된다. 그 느낌은 좋은 느낌, 싫은 느낌, 그저 그런 느낌, 세 가지로 나눌 수 있다. 좋은 느낌에는 더 가지려는 욕심의 마음으로, 싫은 느낌에는 떨어져 나갔으면 하는 화의 마음으로, 그저 그런 느낌에는 그저 그런 마음으로 반응하게 된다. 맛있는 음식은 더 먹으려는 욕심을 내게 되고, 나를 욕하는 말은 듣기 싫으며, 그저 그런 경치에는 별로 관심이 가지 않는다.

세상을 살아간다는 건 어떻게 해서든지 좋은 느낌들은 더 가지려 하고, 싫은 느낌들은 멀리 밀어내려 하는 끊임없는 과정이라 해도 지나친 말이 아니다. 마치 그렇게만 된다면 행복해질 거라고 생각하면서. 결국, 느낌과 감정에 충실하게 산다는 건 좋은 느낌들은 더욱더 가지려 하고, 싫은 느낌들은 더욱더 밀어내려는 마음으로 살아간다는 말과 다르지 않다.

하지만 살아가면서 좋은 느낌만 계속해서 이어지고, 싫은 느낌은 없을 수 있나? 단언컨대 그럴 수 없다. 내 의지와 상관없이 인생에는 좋은 느낌들도 일어나고 싫은 느낌들도 일어나게 마련이다. 싫은 느낌은 없애고 좋은 느낌만을 취하려는 그 마음이 오히려 문제를 일으킨다. 어렵게 말할 것도 없다. 감각적 쾌락이라는 좋은 느낌만을 쫓아다녀서는 결코 행복하고 보람 있는 인생을 살 수 없다는 걸 우리 모두는 잘 알고 있다.

화는 왜 일어날까? 욕심이 채워지지 않을 때 화가 난다. 욕심이 없다면 화가 날 일도 없다. 욕심이 많을수록 화가 더 많아지고, 그래서는 행복해질 수 없다. 좋은 느낌들은 내 쪽으로 더 당기고, 싫은 느낌은 나로부터 더 멀리 밀어내려고 하는 것이다. 당기는 것과 밀어내는 것은 방향만 서로 반대일 뿐, 같은 원리라는 걸 이해할 수 있겠는가. 그러니 욕심은 뒤집은 화이고, 화는 뒤집은 욕심이다.

여기서 한 가지 짚고 넘어가야 할 것이 있다. 내게 일어나는 느낌이나 감정이 믿을 만하던가? 느낌이나 감정은 그때마다 조건들에 따라서 나에게 일어날 뿐, 내가 원하거나 예상했던 것이 아니다. 조건 따라 일어났다가 사라지는 느낌과 감정은 결코 믿을 만한 것이 못 된다. 그렇게 일어나는 느낌이나 감정은 그때 내가 했어야 마땅한 어떤 행동 방향과 어긋날 때가 오히려 더 많다. 느낌이나 감정에 따라 행동했다가 후회스런 일을 저질렀던 그 경험들 말이다.

느낌이나 감정에 따라서만 살아간다는 건 스스로 "느낌이나 감정의 노예"임을 자백하는 것과 다름없다. 그렇기 때문에 느낌이나 감정에 충실하게 사는 인생은 결코 자유로운 것이 아니다. 느낌이나 감정에 따라서만 사는 인생은 결국 느낌과 감정의 기복에 따라서 좌우될 수밖에 없다. 그런 인생이 평온과 진정한 행복을 가져올 수는 없다.

누가 진정한
자유인일까?

자, 이제 우리는 "누가 진정한 자유인일까?"라는 질문에 대답을 할 지점에 이르렀다. 진정한 자유인이란 지금 나의 느낌이나 감정에 따라서 행동하는 사람이 아니라, 내 느낌이나 감정이 무엇이 되었든지에 상관없이 지금 해야만 하는 일을 하는 사람이라고 말해야 한다. 그런 자유인은 꾸준히 자신이 해야 할 행동이 무엇인지를 정확하게 파악하고 그것을 그냥 해나간다.

"성실한 일은 참다운 기쁨을 준다!" 피아니스트 빌헬

름 바크하우스의 좌우명이다. 진정한 자유인은 요란스럽지 않고 지극히 평범한 모습을 하고 있다. 그러니 다른 사람들이 보기에는 기복이 없는 평범한 인생으로 보일 수밖에 없다. 그렇지만 해야 할 일을 꾸준히 이루어나감으로써 내적 성취감과 인간으로서의 자존감이 생겨난다. 자유인은 안으로 충만해서 진정한 행복감이 내면에서 차오른다.

호기심과

　　　　　　　　　　즐거움

세상에는 미처 다 이해하지 못할 일들이 넘쳐난다. 도대체 나는 어디에서 와서 어디로 가는 걸까? 왔다 가는 '나'라는 존재가 있기는 한 걸까? 지구는 어떻게 태양의 주위를 멀어지지도 가까워지지도 않으면서 도는 걸까? 잘 사는 인생은 어떤 걸까? 크든 작든 온통 의문투성이다.

세상에 의문을 많이 품고 있는 사람과 그렇지 않은 사람이 있다면, 누가 더 의미 있고 발전하는 인생을 살게 될까? 의문이 많은 사람이 발전할 가능성이 더 많다고 할 수 있다. 아무 의문도 품지 않은 사람은 앞으로 발전할 계기도 적을 것이다. 지난 인류 역사를 생각해보라. 오늘날과 같은 문명을 이룩하게 된 건 분명 과학의 힘이며 의문과 호기심이 없었다면 과학의 발전도 없었을 것이다.

무언가에 대한 호기심으로 밤을 새워 연구하는 사차원스러운 과학자들이 있다. 그들은 이 순간에도 풀리지 않는 의문을 품고 골똘히 그 문제를 생각하고 있다. 제3자인 우리로서는 이해하기 어렵지만, 그들은 자신이 지금 연구하고 있는 문제가 너무나 궁금하기 때문에 의문을 풀기 위해 최선을 다하고 있다. 그런 일이 과연 즐거움 없이 가능할까? 문제를 풀어내는 과정이 적어도 그들에게는 몹시 즐거운 일일 것이다.

명상은 호기심이라는 점에서 과학과 같다

명상을 한다는 건 지금 내 몸과 마음에서 일어나는 현상을 있는 그대로 알아차리고 숙고하는 일이다. 그런 점에서 명상은 과학과 다르지 않다. 내 몸과 마음에서 지금 일어나는 현상들의 정체는 도대체 무엇일까? 그 현상은 어떻게 변해가는 것일까? 그것은 과연 실체가 있는가? 이를 알아차리고 배워가기 위해서는 내 몸과 마음의 현상에 대한 호기심과 의문이 있어야 한다. 호기심과 의문이 없는 사람에게는 명상이 의미 없어 보일 것이고, 명상을 해야 할 이유도 없다고 느껴질 것이다.

명상은 한마디로 나의 인생에 대한 호기심과 관심이다. 인생에 대한 관심과 호기심이 없는 사람에게는 인생이 그 정체를 드러낼 일도 없다. 명상은 경험의 폭을 넓혀가는 것이 아니라 경험의 깊이를 더욱 깊게 한다. 아무런 호기심이 없는 사람들은 수박 겉핥기 식으로 세상을 경험하지만 호기심으로 명상을 하는 사람들은 세상에서 더 깊은 의미를 찾아냄으로써 보다 의미 있는 삶을 살고자 한다.

앞서 과학자가 의문과 호기심으로 연구를 할 때, 그 자

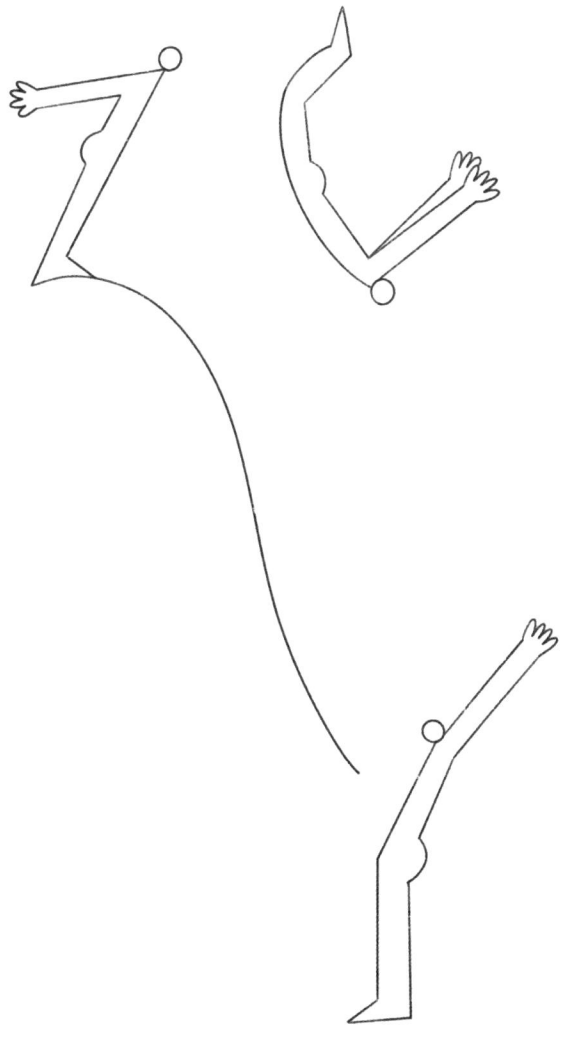

체가 과학자에게는 매우 즐거운 일이라고 했다. 더구나 천신만고 끝에 그 의문이 해결되었을 때의 즐거움은 더 말할 나위가 없을 것이다. 명상에서도 마찬가지다. 의문과 호기심으로 지금 내 몸과 마음에서 일어나는 현상들을 깊이 있게 지켜보는 행위 자체가 즐거움을 준다. 이것은 실제로 명상을 해보면 누구나 경험하게 되는 일이다. 만일 그것이 즐겁지 않다면, 다른 사람들이 보기에 '지루해 보이는' 명상을 굳이 할 이유가 있을까?

명상을 통해서 좀 더 나은 사람이 된다

명상을 지속함으로써 그동안 알지 못했던 어떤 것들에 대해서 '아하!' 하고 알게 되는 순간들이 온다. 그런 순간들 역시 명상가들에게는 큰 즐거움이다. 그 즐거움이 다시 내 몸과 마음, 인생에 대한 호기심을 더욱 자극하기 때문에 지속적으로 명상을 하게 하는 원동력이 된다. 흔히 '깨달음'이라고 하면 아주 거창한 것들을 떠올리지만, 그동안 알지 못했던 것들에 대해서 알게 되는 순간이 모두 깨달음이라고 할 수 있다. 깨달음은 사소함이나 거창함의 문제가 아니다. 그것은 아주 조그만 것일 수도 있고, 인생관을 바꿀 정도의 것일 수도 있다. 이러한 여러 가지 다양한 통찰들이 쌓여 감으로써 이제는 더 이상 이전의 내가 아니라 인격적으로 발전해 있는 나를 발견하게 된다.

이 글을 읽고 있는 당신에게는 맡고 있는 사회적인 일과 개인적인 생활이 있을 것이다. 마찬가지로 나도 사회적 업무와 개인적 영역이 있다. 되돌아보면 양쪽 모두에서 분명히 이전보다 더 많은 것을 알게 되었지만, 그만큼 모르는 것도 더 많아졌다는 느낌을 받는다. 만약 지금의 나와 당신이 "이제는 모든 것을 다 알게 되었다. 더는 의문이 없다"라고 선언하고 실제로 그런 마음가짐을 가지고 있다면, 계속 발전할 수 있을까? 그렇게 선언하는 순간, 더 이상의 발전은 포기하는 것이고 인생의 의미도 없어질 것이다.

호기심을 갖는다는 건 우리가 지금보다 더 나은 인간이 되기 위해 반드시 필요할 뿐 아니라 모르는 게 남아 있음을 인정하는 것이므로 모든 가능성에 열려 있는 겸손한 자세이다. 인생에 대한 호기심은 그 과정과 결과에서 우리에게 즐거움을 주고, 그 즐거움이 더 큰 호기심을 일으켜 인생을 발전시키는 선순환의 과정으로 만들어준다.

시간이

                                        인생이다

시간이 인생이고, 인생은 시간이다. 우리는 누구나 제한된 시간을 산다. 80살을 산다면, 대략 70만 시간을 살게 된다. 인생은 지금도 흘러가고 있는 바로 이 순간의 시간 속에 있다. 시간 자체가 인생이며, 인생은 다른 곳에 있지 않다. 시간을 낭비하는 것은 곧 인생을 낭비하는 것이다.

지난 시간을 되돌아보라. 참 많은 일들이 있었다. 자신이 마치 드라마의 주인공 같다는 느낌이 들지 않는가? 앞으로는 또 어떤 일들이 펼쳐질까? 많은 것을 배우고, 이뤄내기 위해서는 시간을 더 알차게 보내야 한다.

우리는 모두 지나간 시간이 나에게 준 가르침에 대해 고마운 마음을 가져야 한다. 때로는 고개를 들 수 없을 정도로 부끄럽고 후회스러운 일들도 있었을 것이고, 스스로에게 자랑스러웠던 날들도 있었을 것이다. 하지만 그 경험들이 내게 어떤 가르침을 주었다는 점에서는 차이가 없다. 앞으로의 시간은 어떨까? 여전히 부끄러운 일도 일어나고, 칭찬받을 만한 일도 벌어질 것이다. 누구나 후회하고 기대하면서 성장한다. 인생이라는 시간에서 일어나는 일들은 가르침을 주기 위해서 나에게 오는 것이고, 모든 경험들은 나의 스승이 된다.

모든 경험은
나의 스승이다

생활인으로 명상을 해오고 있는 나의 경험을 바탕으로, 지금 이 순간 내 몸과 마음을 알아차리면서 살아가는 것보다 시간을 더 알차게 보내는 방법은 없다고 단언할 수 있다. 왜 그럴까? 나에게 일어나는 모든 일들은 결국 내 몸과 마음의 느낌과 생각을 통해서 경험된다. 몸과 마음을 통해서 일어나는 느낌과 생각을 있는 그대로 잘 알아차려야만 그것을 제대로 경험할 수 있다. 그럴 때에만 우리는 그 경험을 통해서 제대로 배울 수 있다. 그러므로 이것이 나에게 주어진 시간을 가장 알차게 보내는 방법이다.

이 대목에서 분명히 해둘 점이 있다. 항상 몸과 마음을 잘 알아차리면서 제대로 된 경험을 해나가기 위해서는 내게 일어나는 느낌이나 생각에 섣부르게 해석을 덧붙이거나 서둘러 단정해서는 안 된다는 점이다. 누구나 자신의 선입견에 사로잡혀, 또는 주변 분위기에 휩쓸려 다른 사람의 행동이나 내 생각에 대해 잘못된 판단을 내렸던 경험이 있을 것이다. 나중에서야 비로소 잘못되었음을 깨달았던 그 판단 말이다.

지금 있는 그대로를 잘 알아차린다는 건 나에게 오는 정보들을 잘 모아가는 행위이다. 마음챙김 명상은 일상생활 가운데 나의 몸과 마음을 항상 알아차리고 있으면서 몸과 마음을 통해서 경험하는 정보들을 충분히 모아가는 과정이다. 그 과정을 통해서 충분한 정보들이 수집되면, 적절하고 합당한 판단은 저절로 따라오게 마련이다.

하지만 지금 있는 그대로를 제대로 알아차리지 못한다면 제대로 된 정보들을 충분히 모을 수 없고, 그런 상태에서 내리는 결론은 잘못된 방향으로 이끌 수밖에 없다. 평소 마음챙겨 살지 않는 사람은 자신의 몸과 마음을 충분히 알아차리지 못하기 때문에 있는 그대로의 상황을 제대로 파악하지도 못한 채, 섣불리 판단을 내리려고 서두르기만 한다.

일상생활 가운데 마음챙김하며 살아가면, 우리가 살아가는 시간은 결국 지금 이 순간들의 연속일 뿐임을 깨닫게 된다. 순간의 소중함을 깊이 알게 되어 나에게 주어진 시간을 더 알차게 보내게 되며, 인생 전체를 더 충실히 살게 되는 것이다.

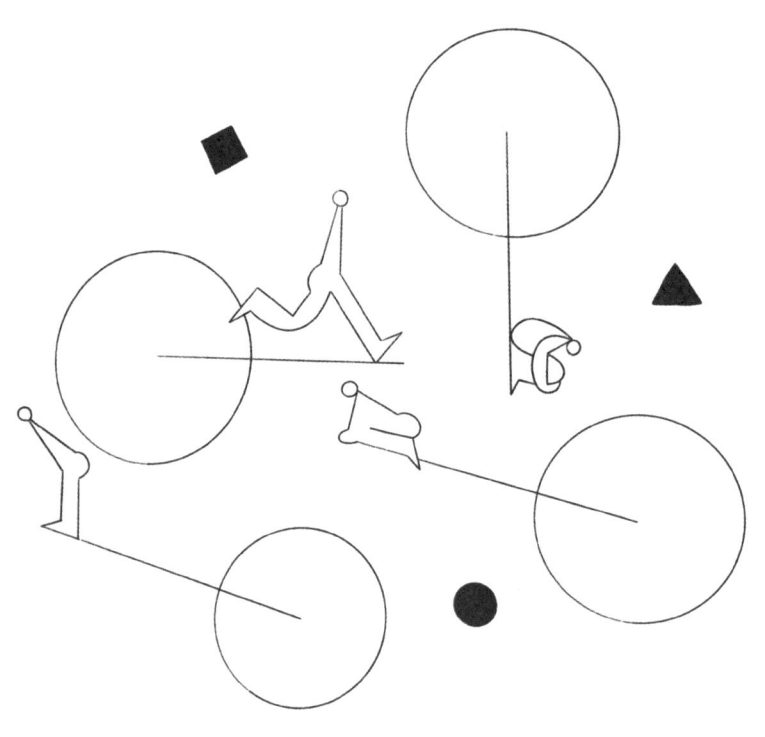

"시간 자체가 인생이며,
인생은 다른 곳에 있지 않다."

행복한 사람에게는
오직 지금뿐

우리가 존재하고 살아가는 시간은 오직 지금 이 순간뿐이라는 걸 공감하지만, 과연 그 사실을 얼마나 사무치게 깨닫고 있는가? 지나간 과거는 기억 속에만 남아 있을 뿐이며, 아직 오지 않은 미래는 내 기대 안에만 있을 뿐, 지금 실제로 존재하는 것이 아니다. 그런데도 존재하지 않는 과거의 기억과 후회를 붙잡고 있거나, 존재하지도 않는 미래에 대한 불안과 걱정 속에서 사는 사람들이 참으로 많다. 이 사람들의 이야기는 과거와 미래로 이어져서 장황하다. 그렇기 때문에 행복할 수 없다.

진정으로 지금 이 순간을 마음챙김하면서 살아가는 사람은 실제로 존재하는 것은 오직 현재뿐이라는 사실을 잘 알고 있다. 지나간 과거의 기억이나 오지 않은 미래에 대한 불안은 실제 존재하는 것이 아니라는 사실도 알기에, 이야기가 장황하지 않다. 그렇기 때문에 행복하다.

인생이라는 시간을 채워가는 가장 좋은 방법은 과거나 미래가 아닌 지금 이 순간 내 몸과 마음을 마음챙겨 알아차리면서 살아가는 것임을 기억하자.

가벼운

　　　　　　　　　마음

지금 당신의 마음은 가벼운가, 무거운가? 마음이 무엇이기에 가볍거나 무겁다고 말할까? 마음에는 분명 무게가 없지만, 마음이 가볍거나 무겁다는 말의 뜻을 다들 잘 알고 있다. 마음이 가볍다는 건 행복감을, 마음이 무겁다는 건 불행감을 의미한다.

마음에 무게를 느끼는 것은 매우 자연스러운 일이다. 마음이 무겁다고 할 때는 마음 안에 원치 않는 것들이 가득 차 있다고 느끼고, 마음이 가볍다고 할 때는 내가 바라는 것만 있는 것처럼 느낀다.

명상에서는 우리의 마음을 무겁게 하는 것을 '멍에'라고 부른다. 무거운 쟁기나 수레에 묶인 황소가 짊어진 그 '멍에' 말이다. 멍에를 짊어지고 있는 무거운 마음이나 멍에를 벗은 가벼운 마음을 상상해보라. 명상을 함으로써 마음을 가볍게 한다는 건 멍에로부터 벗어나는 것이다. 그런 마음의 '멍에'에는 다섯 가지가 있다. 차례대로 살펴보자.

첫 번째 멍에는 '감각적 욕망'이다. 우리는 감각기관인 눈, 귀, 코, 혀, 몸을 통해서 들어오는 감각적인 즐거움을 하루 종일 찾아 다닌다. 더 멋진 경치, 더 듣기 좋은 소리, 더 향기로운 냄새, 더 맛있는 음식, 더 부드러운 감촉을 따라

다니느라 쉴 틈이 없다. 주변의 온갖 광고들을 둘러보라. 더 나은 감각적 느낌과 욕망을 일으켜서 물건을 사도록 끊임없이 자극하고 있다. 세상을 산다는 건 어찌 보면 더 좋은 감각적 느낌을, 더 많이 가지려는 과정이라 해도 지나치지 않다. 그런데, 감각적 욕망은 한번 채워지면 멈추는 게 아니라 더 강한 감각적 욕망을 일으킨다. 이런 과정이 반복되면서 욕망이 채워지지 않을 때 더 큰 불만족을 일으킨다. 그렇기에 감각적 욕망은 마음의 멍에이다.

두 번째 멍에는 '화'다. 우리가 누군가 또는 어떤 일에 대해서 화를 낼 때 해방감을 느끼는 게 아니라 그것에 매이고 속박되는 느낌을 받는다. 별것도 아닌 일에 벌컥벌컥 화를 내는 사람들을 떠올려보라. 그 사람들의 마음이 가벼울까? 절대 가볍지 않다. '좋은 전쟁'이 없듯이 '좋은 화'는 없다. 내 뜻대로 되지 않을 때 화가 난다. 그러니 화는 뒤집은 욕망이라고 할 수 있다. 감각적 욕망이 마음의 멍에이듯 화도 마음의 멍에이다.

세 번째 멍에는 '게으름과 몽롱함'이다. 게으름과 몽롱함이 마치 훌륭한 행동인 것처럼 포장해서 힐링 수단으로 권장하는 사람들이 있다. 그러나 마음이 게으름과 몽롱함에 빠져 있을 때 결코 마음은 가볍지 않다. 게으름과 몽롱함은 마음의 균형이 무너진 상태로서 아무런 발전도 가져오지 않기 때문에 시간 낭비이자 스스로에 대한 모독이다. 결코 우리를 행복으로 이끌어주지 않는다.

네 번째 멍에는 '들뜸과 후회'다. '들뜸과 후회'는 '게으름과 몽롱함'의 반대라고 할 수 있다. '게으름과 몽롱함'처럼 '들뜸과 후회'도 마음의 균형이 무너진 상태다. 들뜨거나 후회하는 마음은 불안정하기 때문에 어디로 튈지 모르며, 우리를 행복하게 해주지 못한다.

다섯 번째 멍에는 '의심'이다. 합리적인 호기심은 발전할 수 있도록 도와주지만, 마땅히 신뢰해야 할 것을 신뢰하지 못하는 '의심'은 마음을 불안하게 한다. 정상적인 사회가 유지되려면 서로 간에 믿음이 있어야 한다. 그렇지 못한 사회는 병든 사회이다. 의심병에 사로잡힌 사람은 정상적인 사회생활이 불가능하다. 그 사람의 마음은 무겁다.

지금까지 말한 다섯 가지가 우리의 마음을 무겁게 하

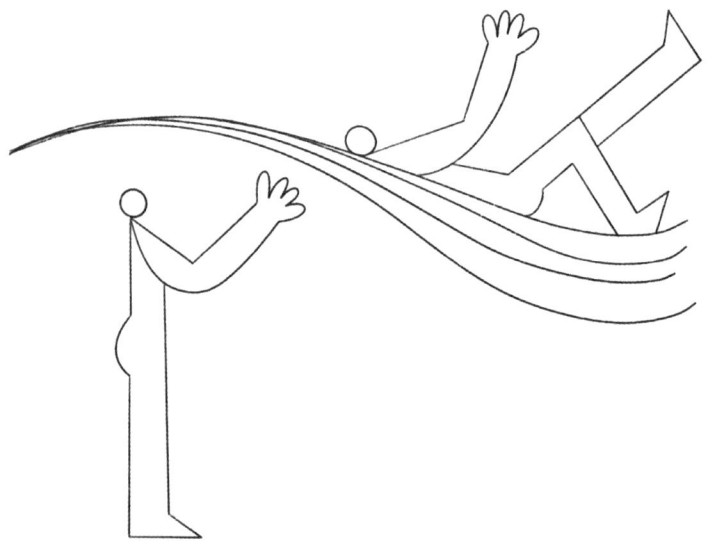

는 멍에이다. 가벼운 마음은 바닥을 그대로 들여다볼 수 있는 맑은 물에 비유할 수 있다. 마음 안에 다섯 가지 멍에가 있다면 바닥을 있는 그대로 볼 수 없다. 비유하자면, 감각적 욕망에 사로잡힌 마음은 색색의 물감을 푼 물, 화에 사로잡힌 마음은 끓는 물, 게으름과 몽롱함에 사로잡힌 마음은 이끼가 낀 물, 들뜸과 후회에 사로잡힌 마음은 바람에 일렁이는 물, 의심에 사로잡힌 마음은 흙탕물과 같다.

명상을 함으로써 마음을 가볍게 한다는 건 흐려진 물을 가만히 내버려두고 가라앉게 하여 바닥을 있는 그대로 볼 수 있는 상태를 만드는 일이다. 다섯 가지 멍에가 내 마음 안에 있더라도 그것을 섣불리 바꾸려 들지 말아야 한다. 그 멍에가 마음 안에 있다는 사실을 먼저 인정하라. 그리고 있는 그대로의 마음 상태를 지켜보라. 다른 방법은 없다.

흐려진 마음을 맑게 하기 위해서는 마음을 가만히 지켜보면서 변화하는 과정을 알아차리는 명상이 가장 좋은 방법이다. 마음을 무겁게 하는 다섯 가지 멍에가 원래부터 아무런 실체가 없고 아지랑이처럼 변화하는 과정의 일부에 불과하다는 사실을 알게 될 것이다. 마음을 무겁게 하는 것들이 단지 현상에 불과할 뿐임을 알아가며 마음을 가볍게 하는 것, 이것이 가장 근본적인 해결 방법이다.

올라간
만큼

                              내려가야
                              한다

1969년 가수 조니 미첼이 발표한 명곡 'Both Sides Now'를 아는가? '이제는 양쪽에서'라는 제목의 노래인데, 가사가 아름다워서 교과서에 실릴 정도다. "이제는 위와 아래 양쪽에서 구름을 봐요… 이제는 주고받는 양쪽에서 사랑을 봐요… 이제는 이기고 지는 양쪽에서 인생을 살아요…" 모든 일에는 좋고 나쁜 양면이 있기 마련인데 그동안 좋거나 나쁜 한쪽 면만을 봐왔지만, 이제는 양쪽에서 바라보게 되었다는 거다. 그러나 "여전히 인생을 전혀 모르겠어요"라고 노래하면서 곡은 끝난다.

　살면서 "아! 지금 이 순간 나는 지혜롭다"라고 느낀 적이 있는가? 그런 적이 있다면 언제였나? 예상치 못한 사고나 일을 당해서 자칫 불행의 나락으로 떨어질 수도 있는 상황에 처했을 때 문득 '그래도 이만하길 천만다행이다'라고 생각하는 경우가 있다. 그때가 바로 지혜로워지는 순간이다. 당장 내가 처한 상황에 좌절하거나 굴복하지 않고 한 발 물러나 그 반대편에서 상황을 바라보고, 그래도 다시 회복할 수 있다는 희망과 더 큰 불행이 아님에 일종의 감사하는 마음이 있을 때에야만 '이만하길 다행이다'라는 생각이 가능하다.

일종의 제로섬 게임

 소설가 김훈 선생의 《자전거여행》이라는 수필집에 이런 말이 나온다. "자전거는 길 위에서 정확하게 비긴다." 자전거를 타고 먼 길을 가다 보면 오르막도 있고 내리막도 만나게 되지만, 결국에는 올라간 만큼 내려가야 하고 내려간 만큼 올라가야 한다. 그렇기 때문에 자전거는 그 길 위에서 비기는 거다. 그러니 오르막길이어서 힘들다고 투덜댈 일이 아니고 내리막길이니 편하다고 희희낙락할 일도 아니다. 올라가면 내려가야 하고 내려가면 올라가야 한다. 영원한 오르막이나 내리막은 없다.

 산다는 것도 이와 같다. 살면서 항상 좋은 일만 일어날 수 없고, 항상 나쁜 일만 일어나는 것도 아니다. 대략 좋은 일 반, 나쁜 일 반이다. 살아가는 길 위에서 비기기 때문에 그것은 일종의 제로섬zero-sum 게임이다.

 언뜻 불행해 보이는 사건을 당해도 조그만 희망과 감사를 느낄 수 있는 마음을 지혜로운 마음이라고 할 수 있다. 그런 마음은 내가 지금 처한 상황에 푹 빠져서 휘둘리는 게 아니라 한발 물러나서 지켜보는 마음자세여야만 가능하다. 뒤로 물러나서 전체를 바라보아야 불행해 보이는 상황 속에서도 희망과 감사를 발견할 수 있다. 전체를 본다는 것은 결국 드러난 한쪽 면이 아니라 드러나거나 숨겨져 있는 양쪽 면에서 본다는 걸 뜻한다.

명상을 통해서
지혜로운 마음을 키워나간다

우리는 명상을 통해서 이런 지혜로운 마음을 키워나가고자 한다. 지혜롭고자 명상을 한다는 건 한발 뒤로 물러나서 전체를 보려는 마음자세를 훈련하는 것이다. 하루 종일 깨어 있는 시간 속에서 앉아 있든지, 서 있든지, 누워 있든지, 길을 걷든지, 일을 하든지 어떤 상황에서도 뒤로 물러난 마음으로 조금 더 전체를 보려고 노력해보라. 처음에는 잘 되지 않을 거다. 명상도 마찬가지다. 그러나 이런 마음자세로 생활하다 보면 점점 더 전체를 보는 포용적인 마음으로 변해간다. 편협한 마음에서 관대한 마음으로, 조바심 내는 마음에서 느긋한 마음으로, 어리석은 마음에서 지혜로운 마음으로 서서히 변해가는 자신을 발견하게 된다.

또, 지혜로운 마음이 될수록 그만큼 행복해질 것이다. 이런 마음이 되면 겉으로 드러나지 않은 인생의 깊은 의미를 발견해 나갈 수 있기 때문이다.

명상을 하는 나의 입장에서 요즘 가장 안타까운 일은, 별문제가 없거나 오히려 다른 사람들보다 더 많은 것을 가졌는데도 실제로는 심각한 우울증, 강박증, 편집증 등으로 고통받는 사람들을 보게 되는 것이다. 어쩌면 다른 사람들보다 행복할 수 있을 이들이 왜 더 힘들어하는 것일까?

겉으로 드러나 있는 것만이 인생의 전부는 아니다. 그런데도 사람들은 그것이 인생의 전부라고 생각한다. 외부의 것들이 무너져 갈 때, 또는 기대에 미치지 못할 때 좌절하게 되고 기어이 마음의 병으로 이어진다. 그러나 인생에는 겉으로 드러나 있는 것보다 훨씬 많은 의미들이 숨겨져 있다. 겉으로 드러나 있지 않기 때문에 깊이 들여다보지 않으면 그 의미를 찾기 어렵다.

인생은 단순하게 보려는 사람에게는 단순하게 보일 것이고, 숨겨진 깊은 의미가 드러날 일도 없을 것이다. 우리는 명상을 함으로써 그렇지 않은 사람들보다 좀 더 전체적이면서도 깊이 있게 인생을 보려고 한다. 그렇게 인생의 숨겨진 의미를 찾아내려 한다. 인생에 숨겨진 깊은 의미가 거창한 것이라고 오해하지 마시기를. 살아가면서 내게 벌어지는 온갖 일들을 마주치게 될 때마다 한쪽 면만이 아니라, 긍정적이든 부정적이든 더욱 다양한 측면에서 바라보고 경험하려 할 때, 훨씬 많은 의미를 알게 된다. 그런 자세가 될 때, 비로소 마주하는 일들을 통해 더 많은 정보와 배움을 얻게 되는 것이다. 옛 어른들이 "젊어 고생은 사서도 한다"는 말을 한 이유다. 우리가 좋은 일에서와 마찬가지로 좋지 않은 일에서도 배워나간다면 훨씬 풍부하고 행복한 인생을 살아갈 수 있지 않을까.

에세이 4

진짜
성공에

이르는
방법

인생의 성공이 무엇이라고 생각하는가? 남들이 부러워하는 대학을 졸업하고, 검사가 되어 권력을 행사해보고, 변호사 개업을 하여 돈도 벌어보았다. 내용들만 조금씩 다를 뿐 마치 쓴 약에 단맛을 입힌 당의정처럼, 성공이라는 단맛의 껍질이 벗겨지면 그 안에 남은 건 별로 맛이 없었다. '성공? 그래서 뭐?'라는 의문이 일어났다.

뒤돌아보면 매번 끊임없이 나를 또 다른 목표를 향해 나아가도록 만들었던 건 성과에 대한 욕망이었다. 성공으로 가는 길은 '욕망'이라는 이름의 길이다. 목표를 세우고 성과를 이뤘던 데에는 분명히 욕망이 앞과 뒤에서 끌거나 밀었고, 욕망이 이루어지지 않으면 거꾸로 화가 나기 때문에 화 역시 나를 끌고 미는 힘이 되었다. 나를 학대하면서 성공을 향해 달려갈 수 있었다. 결국 새로운 욕망과, 욕망을 이루기 위한 노력과, 욕망이 이뤄지지 않을 때 일어나는 화, 이 세 가지가 반복 순환하면서 '성공'이라고 불리는 지금의 위치까지 왔음을 깨달았다. 그 깨달음은 40대 초반쯤 찾아왔다.

깨달음의 내용은 이랬다. 성과를 이루기 위한 욕망과 노력과 화의 순환 반복. 그 결과 얻어지는 성과를 사람들은 '인생의 성공'이라고 부른다. 인생의 성공이라는 지점에 도착해도 끝이 아니다. 또 다른 성과와 욕망과 노력과 화라는 눈에 익은 길 위에 서 있는 자신을 발견하게 된다. 우리는 '무엇'을 얻으면 그것이 인생의 성공이라고 생각한다. 또 다른 무엇을 위해 다시 달려나간다. 그러나 인생의 성공은 미래에 무엇을 얻는가의 문제가 아니라 지금 현재 인생을 '어떻게' 살아가고 있는가의 문제가 되어야 한다.

모든 변화와 통찰은 점진적이다. 점진적이라는 말은 뒤집어 말하면 급격한 변화가 아니기 때문에 잘 알아차리기 어렵다는 말이다. 깊이가 1미터쯤 되는 개울가에 앉아 주먹만 한 돌무더기를 쌓아두고 아침부터 그 돌을 한 개씩 개울로 던져 넣는다. 저녁 무렵에는 돌들이 차곡히 쌓여서 드디어 개울물 위로 돌이 조금씩 보이기 시작할 것이다. 말하자면 사람들은 개울물 위로 돌이 보이기 시작하는 것을 두고 '갑자기 깨달았다'라고 한다. 하지만 개울물 위에 보이는 돌은 물 위에 떠 있는 것이 아니다. 결국 무의미해 보이기는 했지만 하루 종일 돌들을 개울로 던져 넣는 일을 반복했기 때문에 비로소 저녁 무렵 돌이 개울물 위로 보이는 것이 아니겠는가. 깨달음도 이와 같아서 점진적이다. 결과만을 보고 깨달음이 갑자기 찾아왔다고 말하는 것은 돌이 물 위에 떠 있다고 하는 것만큼 이치에 맞지 않다.

고등학교 졸업 무렵 시작한 명상수행이 나도 알지 못하는 사이에 쌓이고 내면에서 발효되어 30년쯤 지나서 비로소 확연히 느껴지도록 그 결과물을 내민 것이라고 생각한다. 어느 순간 가슴 깊은 데에서 인생의 성공은 노력의 결과로 얻게 되는 대상의 문제가 아니라, 내 마음 안에 만족감과 감사함이 있는지의 문제라는 깨달음이 일어났다. 그건 정말 깨달음의 느낌이었다. 모든 깨달은 사람들의 느낌은 이런 것이라고 생각한다. '이렇게 당연한 걸 그동안은 왜 몰랐을까?'

'만족'과 '감사'라는 말의 의미를 깊이 생각해본 적이 있는가. 감사와 만족하는 마음에는 무엇을 더 가지거나 이루려는 욕망이 없으며, 무엇을 더 가지거나 이루지 못해서 일어나는 화도 없다. 감사와 만족은 지금 내가 가진 것과 처한 상황에 대해서 불만이 없을 때 일어나므로 당연히 욕망과 화의 마음일 수 없다. 그러니 만족과 감사는 욕망이나 화와 절대 양립할 수 없는 것이다.

성공의 조건은 대상의 문제가 아니라 세상을 살아가는 내 마음에 만족과 감사함이 있는지 여부이고, 내 마음에 만족과 감사함이 있다면 그것이 진짜 성공이다. 만약 그렇지 않다면 당신은 가짜 성공에 속고 있는 것이다.

사람들이 성공하려고 하는 이유가 무엇이겠는가. 현실적으로 말하면 성공을 함으로써 만족감과 감사함의 마음, 한마디로 행복감을 느끼고 행복해지려는 것이다. 드디어, 기어이 '행복'이란 말이 등장했다. 여기에 촌철살인의 문장이 있다. "진정으로 행복한 사람은 행복이란 말을 입에 올리지 않는다."

'성공'하려고 하는 마음은 결국 '행복'하고 싶은 마음과 다르지 않을 것이다. 행복하기 위해서 성공하려는 것일 테니까. 그렇다면 성공이 되었든 행복이 되었든, 결국 그놈의 마음의 문제일 수밖에 없다. 이 대목에서 우리가 그토록 성공해서 도달하고자 하는 행복한 마음이란 게 도대체 무엇인지를 찬찬히 따져볼 필요가 있다. 만약 바다 위에서 조난당한 사람이 목이 마르다고 바닷물을 자꾸 들이켠다면 목이 더 마를 것이다. 마찬가지로 행복이 마음의 갈증을 푸는 문제라고 비유한다면, 성공이라는 소금물을 자꾸 들이켜서야 오히려 행복에서 멀어질 수밖에 없다.

사이먼 앤 가펑클의 팝송 'Slip Sliding Away'에 이런 가사가 나온다. "당신은 목적지에 점점 더 가까워지는 걸로 알겠지만, 그럴수록 사실은 점점 더 미끄러져서 멀어지고 있다." 성공도 마찬가지다. 당신은 더 행복해지기 위해서 성공하려고 하지만, 성공하려고 하면 할수록 사실은 행복에서 점점 더 멀어지고 있다는 사실을 알아채야 한다.

짧지 않은 인생과, 명상 경험을 통해서 얻은 깨달음을 전달하고 싶었다. 가짜 성공이 아니라 진정한 행복인 만족감과 감사함이라는 진짜 성공에 이르는 방법을 알려주고 싶었다.

15년 전부터 문화센터에서 명상 강의를 시작하게 되었다. 이후로 인연이 닿는 곳마다 온라인, 오프라인 명상 클래스를 현재까지 진행하고 있다. 무언가를 가장 잘 배우는 방법은 그 무언가를 가르치는 것이다. 조그만 깨달음이 발단이 되어서 시작한 명상 강의에 대한 반응은 좋았다. 명상수행의 좋은 경험을 나누어 주면서 작은 깨달음이 더 큰 깨달음으로 확대되고, 수강생들의 공감으로 내 명상 경험에 대한 확신이 더욱 강해졌다. 주업인 변호사 업무와 내 삶 역시 말로는 다 할 수 없는 큰 도움을 받았다. 다시 한번 말하지만, 진짜 성공은 '만족감'에서 온다.

제5장

현실로

뛰어들기

세상을

　　　　　　　보는
　　　　　　　눈

당신은 세상을 어떤 눈으로 바라보는가? 어떤 입장에 서서 세상을 바라보고 있는가? 세상을 보는 눈이 달라지면 세상도 달리 보일 것이다. 푸른색 안경알의 안경을 끼고 보면 온통 푸를 것이고, 붉은색 안경알을 통해 바라보면 세상은 온통 붉다. 어떤 색의 안경알을 선택할지가 문제다.

과학적으로 보면 우리에게 보이는 물건의 원래 색은 실제로 우리가 보는 색이 아니다. 빨간색 사과가 빨간색으로 보이는 건 사과가 태양광선 중에서 빨간색을 우리에게 반사해내기 때문이다. 그러니까 빨간색 사과의 원래 색은 빨간색이 아니라고 말할 수 있다. 물건만 그렇겠는가. 내가 매일 마주치는 사람들과의 인간관계, 벌어지는 온갖 사건들. 우리는 모든 것들을 있는 그대로 볼 수 없다. 어쩔 수 없이 인정해야만 하는 진실이다.

주변을 한번 둘러보라. 선입견과 편견에 사로잡힌 눈으로 세상을 바라보는 사람들로 가득 차 있다는 사실을 쉽게 발견할 수 있다. 그런데 자신이 세상을 바라보는 눈에 문제가 있다고 스스로 생각하는 사람들이 과연 몇 명이나 될까? 아마 거의 없을 것이다. 세상을 바라보는 자신의 눈에는 아무런 문제가 없다고 생각하기 때문에, 자신의 견해가 옳다고 확신하고는 상대방에게 그 견해를 주입하려 한다. 결국 온갖 분쟁과 소동이 일어난다. 세상을 보는 눈은 '견해'의 다른 말이다. 그러니 견해는 매우 중요하면서도 깊이 생각하고 따져볼 문제다.

세상을 바라보는
우리의 견해가 중요하다

우리는 과연 어떤 눈으로, 어떤 견해로 세상을 바라봐야 할까? 가장 쉽고 편한 방법은 내가 선택한 기준을 통해서 세상을 보는 것이다. 예를 들면, 모든 것을 경제적인 관점에서, 무엇이 정의로운 것인지, 어떤 것이 나에게 이익이 되는지, 무엇이 세상의 발전에 도움이 되는지 등의 관점과 기준으로 세상을 바라볼 수 있다. 현실적으로 많은 사람들이 이런 방법을 선택하고 있다.

명상에서는 세상을 '있는 그대로' 보는 눈을 가지라고 이야기한다. 명상에서 세상을 바르게 본다는 건 '있는 그대로' 보는 것을 말한다. 하지만 우리는 세상을 있는 그대로 볼 수 없다. 그건 불가능하다. 중요한 것은 있는 그대로 볼 수 없는 세상 가운데에서도, 있는 그대로 보려는 노력 자체이다. 있는 그대로 보려고 노력하는 사람은 그렇지 않은 사람들보다 조금 더 세상을 객관적으로 볼 수 있다. 세상을 '있는 그대로' 보려고 노력하는 것, 그것이 명상이다.

우리는 명상을 통해서 세상을 더하지도 빼지도 않고 '있는 그대로' 객관적으로 보려고 노력한다. 모든 노력이 그렇듯이 명상을 거듭할수록 세상을 좀 더 객관적으로 보게 되고 세상을 보는 눈이 바뀌어 간다. 아무것도 가미하지 않은 보다 순수한 눈을 얻게 된다. 그럴수록 우리는 지혜로워진다. 세상을 객관적으로 볼 수 있을 때에만 비로소 지혜로울 수 있다. 지혜롭다는 것은 세상을 있는 그대로 볼 수 있다는 말과 다르지 않다.

명상을 통해서
객관성과 지혜를 키운다

세상에서 실제로 벌어지는 일과 우리가 바라는 것의 모습은 같지 않다. 우리가 원하는 대로 바뀌기만을 간절히 바란다고 해서 세상의 모습이 바뀌는 것이 아니다. 우리가 하는 기도는 분명히 숭고하고 고귀한 행위임이 틀림없다.

그러나 기도에 대해서 "나 하나만을 위해서 우주의 모든 법칙들을 바꾸어 달라는 것"이라고 풍자한 어느 이의 말을 귀담아 들어야 한다.

나의 기대나 선입견 또는 편견을 투사하지 않고 세상을 바라볼 때, 있는 그대로 세상을 볼 수 있을 것이고, 내가 바라는 결과를 실제로 얻기 위해서 지금 이 순간 해야 할 일이 무엇인지를 알게 되어 그 일을 실행하게 될 것이다. 반대로 나의 기대나 선입견을 투사하여 세상을 본다면, 있는 그대로의 세상을 제대로 볼 수 없고, 지금 내가 해야 할 일이 무엇인지도 제대로 알 수 없다.

복잡하고 혼란스러운 세상에서 속 편하게 명상이나 하고 있다면서 명상을 현실도피적이고 소극적인 태도라고 오해하는 경우가 많다. 그러나 명상을 통해서 세상을 '있는 그대로' 마음챙겨 알아차려 나가는 것은 혼란스러운 세상 가운데에서 실제로 내가 해야만 할 일을 알고, 실행하기 위한 준비를 하는 매우 적극적인 행위이다.

명상을 통해서 '있는 그대로'의 세상을 제대로 보는 훈련을 하는 것, 세상을 객관적으로 보는 눈을 만들어가는 건 세상을 제대로 보는 습관을 들여가는 것이고, 결국 세상을 보다 효율적이고 성공적으로 살아가는 토대가 된다.

판타

레이

그리스어 '판타 레이panta rhei'는 고대 그리스 철학자 헤라클레이토스의 유명한 말로 '만물유전萬物流轉', 즉 '모든 것은 흐른다'라는 뜻이다. 모든 사물은 고정되어 변하지 않는 것이 아니라, 마치 흐르는 유체와 같이 시간이 흐름에 따라 끊임없이 변한다는 말이다. "모든 것은 끊임없이 변한다"라는 말과 같은 의미라고 할 수 있다.

주위를 한번 둘러보라. 변하지 않는 건 아무것도 없다. 세상의 사물들이 그렇고, 주변 사람들의 모습이 그러하며, 내 마음과 감정, 사랑, 우정, 증오, 인간관계 등 어느 것 하나 변하지 않는 것이 없다. 소설가 고 이병주 선생이 이런 말을 했다고 한다. "이 세상에서 허무주의를 이길 사상은 없다." 이처럼 끊임없이 변하고 있는 세상의 모습들 가운데 혹시라도 허무주의에 사로잡혀 좌절하고 있지는 않은가? 허무주의에 굴복해서 말이다. 그간 엄청난 노력과 시간을 들여서 성취해낸 성과물들과 계속 붙들고 싶은 인간관계들이 홀연히 사라져 갈 때 어쩌면 허무주의에 빠질 수도 있다.

세상의 모든 것은 항상 변하고 있다

그러나 만약 반대로 온 세상과 인간관계가 변하지 않고 항상 그대로의 모습으로만 지속된다면 과연 어떻게 될까? 사물들의 모습은 변하지 않고 항상 그 자리를 차지하고 있고, 실패한 사람은 항상 실패한 상태로, 성공한 사람 역시 항상 성공한 상태로, 나의 마음과 감정도 항상 같은 상태로 지속된다고 상상해보라. 모든 것이 변하지 않고 항상 그 상태라면 당연히 변화로 인한 향상과 발전도 있을 수 없다. 한마디로 무기력하고 희망 없는 세상이 될 것이다. 결코 상상하고 싶지 않은 세상이다. 그나마 변화의 가능성이 있기 때문에 비록 현재는 어려운 지경에 처해 있을지라도 향상과 개선의 희망이 있는 것이고, 성공한 사람도 잠시 나태하면 언제든지 또다시 나락으로 떨어질 수 있는 것이다. 나쁜 것이 변하지 않고 지속되는 세상은 우리가 바라는 세상이 전혀 아니다.

세상이 변한다는 말은 반드시 허무주의로 연결되는 것이 아니라 희망적인 소식으로서 낙관주의로 연결될 수도 있다. 결국 모든 것이 변한다는 것은 좋을 수도 있고 나

쁠 수도 있는 가치중립적인 말이라고 해야 맞다.

이렇게 모든 것이 항상 변하고 있는 세상에서 잘 살아가기 위해서는 과연 어떤 자세를 취해야 할까?

이미 변화하여 지나가버린 과거를 현재에도 붙들고 있거나 지금의 상태가 미래에도 당연히 변하지 않고 지속될 거라는 생각을 가지고 살아가는 사람은 지금 이 순간을 진실로 누릴 수 없고, 제대로 살아갈 수 없다. 지나간 과거는 이미 변화하여 사라졌기 때문에 지금 여기에 존재하는 것이 아니며, 아직 오지 않은 미래는 당연히 현재와 다를 것이기 때문에 쉽사리 예측할 수 없다. 그러니 과거나 미래가 아닌 지금 여기에서 해야 할 일들을 꾸준히 해나가는 것만이 끝없는 변화 가운데 우리가 할 수 있는 최선일 뿐이라는 사실을 깨닫게 된다.

이 세상에서 사실주의를
이길 사상은 없다

앞서 소설가 이병주 선생의 "이 세상에서 허무주의를 이길 사상은 없다"라는 말을 인용했다. 나는 이 말에 동의

할 수 없다. 오히려 "이 세상에서 사실주의realism를 이길 사상은 없다"라고 말해야 한다. 허무주의든, 낙관주의든 이 세상을 바라봄에 있어 먼저 어떤 견해를 가지고 세상을 바라본다면 제대로 보는 것이 아니다. 사실주의는 이러한 선입견 없이 세상을 '있는 그대로' 보려고 한다. 이것이 바로 마음챙김 명상을 하는 사람들의 자세다.

나의 선입견이나 섣부른 주석을 덧붙이기 전에 먼저 있는 그대로의 세상을 바라보려고 노력하라. 우리는 그동안 재빨리 상황을 파악하고 판단하는 습관을 들여왔기 때문에 있는 그대로 세상을 바라보는 일이 쉽지 않을 것이다. 그러나 있는 그대로 바라보기를 계속 시도하다 보면 자신이 한층 현명해진다는 걸 알게 될 것이다.

끊임없이 변하는 세상 가운데 내가 어떻게 행동해야 하는지 자연스럽게 결론을 얻게 된다. 쉼 없이 변하는 지금 이 순간에 과거나 미래에 얽매이지 않고 내가 할 수 있는 최선의 노력을 기울임으로써 좋은 원인들을 꾸준히 지어나가는 것, 이것이 세상을 잘 살아가는 방법이다.

보고,
알고,
      행동하기

예술과 외설 사이의 구별 기준으로 미국 대법원이 제시한 기준이 있다. 바로 "보면 그냥 안다 I know it when I see it"이다. 이 말이 어디 예술에만 국한된 것일까? 건전한 상식을 가진 사람이라면 사물 또는 사건을 보고 난 후에야 그것을 알고 이해해서 판단하는 과정으로 이어지게 된다. 이제 나는 "보면 그냥 안다"라는 문구가 명상적으로는 어떤 의미가 있는지를 숙고해서 말해보려 한다.

보면
―――
그냥 안다

첫째, 무엇인가를 먼저 보아야만 그 이후에 그것을 알게 된다는 의미가 숨겨져 있다. 우리에게 보여지는 대상이 사람이든 사물이든 사건이든, 제대로 살펴본 이후에야만 그것을 제대로 알게 된다. 똑바로 살펴보지도 않고 제대로 알 수는 없다. 그런데 우리들은 꼼꼼히 살펴본 적이 없으면서도 그것에 대해 전부 알고 있다고 착각하는 경우가 많다. 그래서 마음챙김 명상을 통해 비로소 대상을 제대로 바라보는 연습을 하는 것이다. 무엇을 알고 판단을 내리기 전에 제대로 바라보는 연습을 하는 것만으로도 잘못 알거나 잘못된 판단을 내리는 일이 훨씬 줄어들지 않겠는가?

그러나 제대로 본다는 것은 말처럼 그리 쉬운 일이 아니다. 제대로 본다는 건 나의 선입견이나 생각을 투영하지 않고 있는 그대로의 대상을, 있는 그대로 보는 것을 뜻한다. 나의 견해를 투영하고 싶더라도 이 단계에서는 자제해야 한다. 이것이 바로 열린 마음자세다. 누구든지 무엇인가를 볼 때 모두 그렇게 하고 있지 않느냐고 반문할 수 있다. 과연 그럴까? 있는 그대로 본다는 일은 결코 쉽지 않다. 까다로운 가운데에서도 있는 그대로 보려고 노력하는 것이 바로 마음챙김 명상이고, 그런 노력을 하는 것만으로도 충분히 가치 있다.

둘째, '보는 것'과 '아는 것'은 전혀 다른 과정이라는 의미가 숨겨져 있다. 보는 것이 앞서고 아는 것은 그 뒤를 따른다. 볼 때는 '있는 그대로' 보려고 노력해야 하지만, 알 때는 '바르게' 알도록 노력해야 한다. '있는 그대로' 보려고 할 때에는 거기에 나의 편견이나 선입견을 가미하면 안 되지만, '바르게' 알 때에는 오히려 학교와 사회에서 배워왔던 '바른' 지식과 가르침을 동원해야 한다. 나와 사회의 개선과 발전을 위한 것이 무엇인지에 비추어서 판단해야 한다. 나의 지혜에 비추어 타당한 것인지 부당한 것인지 알아내어 타당한 것은 추구하고, 부당한 것이라면 따라가지 않도록 구별해야 한다. 이럴 때 우리는 자신과 사회의 발전에 기여할 준비를 마칠 수 있다.

명상은 아무런 지식도 없이 무작정 그냥 한다고 해서 되는 일이 아니다. 내게 보이는 것을 '바르게' 알아가기 위해서는 먼저 무엇이 바른 것인지를 아는 능력을 키워야 한다. 따라서 무엇이 바른 것인지를 배워서 익히는 것도 명상의 중요한 일부라고 할 수 있다.

셋째, 보고 알고 난 이후에는 어떻게 행동할지 판단해서 그대로 행동해야 한다는 의미가 숨겨져 있다. 무엇인가를 보고 아는 단계까지는 수동적인 과정이라고 할 수 있지만, 보고 안 것을 토대로 반응하고 행동하는 단계는 능동적인 과정이다. 명상적인 관점에서 보면, 내가 세상을 보고, 알고, 반응하는 것이 바로 이 세상을 살아가는 전부다. 우리가 자신과 사회의 발전에 실제로 기여하는 단계는 바로 이 반응하고 행동하는 단계이고, 보고 아는 단계는 반응과 행동을 위한 준비 단계라고 할 수 있다.

명상은 현실로 뛰어드는 일이다

흔히 명상을 현실로부터 자신만의 세계로 도피해서 개인적인 편안함만을 추구하는, 매우 소극적이고 이기적인 행위라고 오해하는 경우가 많다. 하지만 보다시피, 명상은 보고 아는 준비 단계를 거쳐서 반응하고 행동하는 능동적인 행위 단계를 모두 포함하여 그 과정 전부를 개선하려는 매우 적극적인 행위이다. 그런 이유로 명상은 절대로 현실도피가 아니라 오히려 '현실로 적극적으로 뛰어드는 일'이라고 할 수 있다.

우리는 마음챙김 명상을 통하여 세상을 '있는 그대로' 보고, '바르게' 알며, '지금 해야만 할 일을 망설이지 않고' 하려고 한다. 보고, 알고, 행동하는 세 가지 단계를 확실히 구분하여 파악하고 있어야 한다. 각 단계에 합당한 자세를 취함으로써 지금보다 더 훌륭한 인간이 되려고 한다. 그럴 때에만 비로소 균형 잡히고 보람 있는 인생을 살아가게 될 것이다.

진정한

　　　　　　　　변화

옛날에 정기적으로 방문객들을 자신의 집에 초대하는 유별난 현자가 있었다. 방문객들은 자신의 삶에 영향을 주는 온갖 의문과 문제들을 지닌 채 현자의 집을 찾아갔다. 하루는 몇 명의 방문객들이 현자를 찾아갔더니 현자가 매운 고추를 담은 접시를 앞에 두고는 계속해서 고추를 먹고 있었다. 그 모습에 방문객들은 어리둥절해서 왜 그렇게 매운 고추를 먹고 있는지 이유를 물었다. 그러자 현자는 이렇게 대답했다. "나는 이 고추들의 매운맛을 참으면서, 조만간 고추에서 단맛이 나타날 때까지 기다리고 있지요."

우리가 살아가는 것도 이와 마찬가지다. 언젠가는 모든 것이 더할 수 없이 완벽하게 나아질 것이라고 기대하면서 이루어질 수 없는 꿈을 안고 살아간다. 우리는 매운 고추를 씹으며 불편한 느낌을 경험하면서도 그것이 언젠가는 달콤하게 변할 걸로 기대하고 있는 것이다. 그러나 그런 날은 결코 오지 않는다.

변하지 않는 완벽한 외적 행복은
이룰 수 없는 꿈이다

우리가 사는 세상의 외적인 것들은 내 뜻과 상관이 없고 바꾸기 어렵다. 그러나 명상은 외적인 것이 아니라 그것을 대하는 우리의 자세와 내적인 변화를 추구하는 것이다. 무엇이 내적인 변화를 가져올까? 가장 중요한 요소는, 수단도 아니고 도구도 아니다. 가장 중요한 건 변화하고자 하는 '동기motivation'이다. 우리에게 진정으로 필요한 것은 내적 변화를 일으키려는 굳건하고 지속적인 결심이다. 문제들을 발견하고도 그것에 대해 끊임없이 평가하고 말하는 것만으로는 결코 충분하지 않다. 우리가 어떤 경우에 우연히 좀 더 나은 방향으로 자신을 이끌려는 내적인 힘을 경험할지라도 그 방향으로 지속하려는 내적 동기가 없다면 그것으로 끝나고 말 것이다. 그렇기 때문에 우리에게 필요한 것은 '지속적인' 내적 동기이다.

진정 변화하기를 원한다면, 변화하려는 의식적이고 지속적인 동기를 스스로에게 계속 부여하면서 그 변화를 뒷받침해 나가야 한다. 지속적인 내적 동기를 발견하기만 한다면, 변화에 필요한 수단이나 도구는 저절로 발견하게 될 것이다. 그렇더라도 이제 비로소 한 발짝을 내딛은 것에 불과하다. 하지만 비록 느리고 불확실하더라도 그 방향으로 꾸준히 나아가기만 한다면 후퇴없이 전진하게 된다.

내적 변화를 향해 내딛은 첫걸음을 돕기 위한 방법으로 마음을 글로든 생각으로든 자세하게 정리해보는 것이 좋다. 친한 사람들에게 마음을 구체적으로 표현해보는 것도 좋다. 다만 그 경험을 단순한 원인-결과의 관계로만 간단히 압축해 버리지는 마라. 태도를 바꿀 때에야만 진정한 변화를 만들 수 있다. 스스로에 대해서 질문하는 과정으로는 혼자만의 숙고, 다른 사람들과의 토론, 강의 청취, 독서 또는 명상 등이 있다. 이러한 행위들을 하게 하는 것 역시 내적 동기이다. 우리는 마음의 성질을 알고자 하며, 마음의 구조를 탐사하고자 한다.

그 과정에서 나의 마음을 인격적인 맥락에서가 아니라 '나'와는 상관없다는 비인격적인 맥락에서 바라보아야 한다. 어떠한 마음 상태가 '나'에게 일어나서 '나'에게 영향을 미쳤다고 믿는다면 그것은 나의 에고만을 키우는 것일 뿐, 오히려 마음에 문제를 일으킬 것이다. 이렇게 해서는 진정한 치유가 되지 않는다. 대신 마음을 나와는 상관없이 스스로 펼쳐지는 하나의 과정으로만 취급하라. 우리가 '나'라는 것에 대한 집착을 포기하지 않는 한, 결코 내적 자유를 얻을 수 없다.

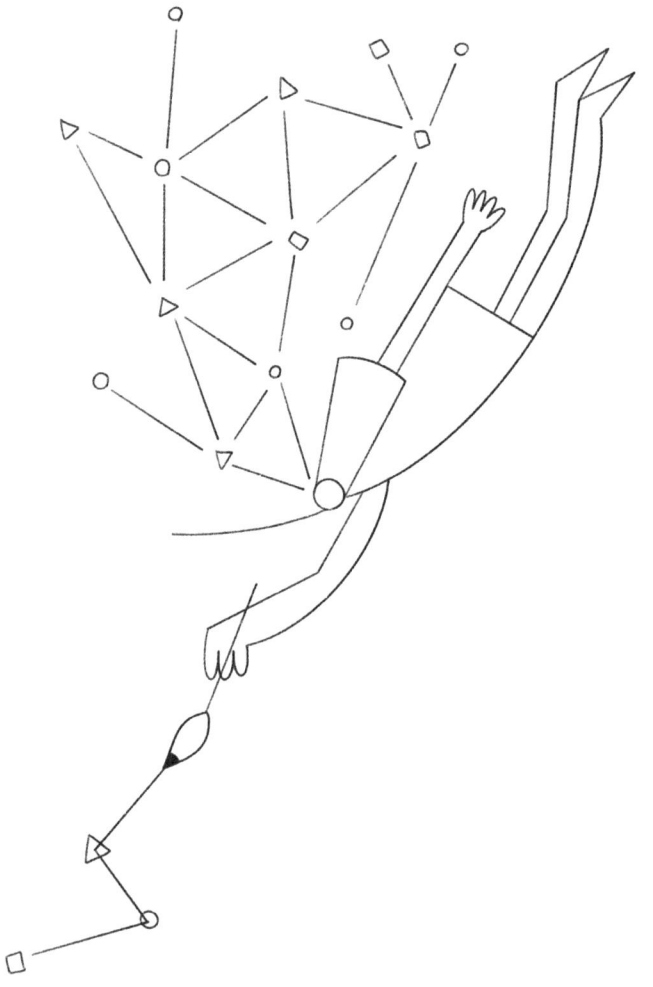

우리는 이미 집에 도착해 있다

우리가 경험의 맨 밑바닥을 경험하기 위해서는 자신의 안으로 더욱더 깊이 침잠해야 한다. 만약 우리가 진정한 고요함을 경험하게 되면, 더 이상 인위적으로 할 일도, 달리 갈 곳도 없을 것이다. 틱낫한 스님의 말씀처럼 우리는 이미 '집'에 도착해 있다. 이러한 경험을 계속 이어갈 수 있게 되면, 우리는 내적 힘과 굳건하고 안정된 확신을 개발해 나갈 수 있다. 그 지점부터는 마음의 섬세한 영역들을 점차 알아차려 나갈 수 있게 된다.

우리가 경험하는 모든 것들에는 고요함이 깃들어 있다. 하지만 고요함은 우리가 인위적으로 통제하거나 만들어낼 수 있는 게 아니다. 단지 우리는 고요할 수 있을 뿐이다. 매일의 명상을 통해서 내적 깊이와 통찰을 경험하게 되면, 나에게 일어나는 수많은 문제들을 보다 쉽게 처리할 수 있게 된다. 모든 것에 대한 명확함이 일상적인 경험이 될 것이며, 진정한 명상가의 길에 들어서게 되는 것이다. 비로소 모든 것들을 적절하게 잘 활용할 수 있다. 인생에서 무엇과도 바꿀 수 없는 귀중한 자산이 될 것이다.

지혜로운

　　　　　　　말을
　　　　　　　하라

우리가 어떤 것에 가치를 두고 있는지는 말을 통해 드러난다. 일상생활 가운데 자신의 입에서 흘러나오는 말이 어떤 것인지 계속 주의를 기울이고 있어야 한다. 말은 강력한 힘을 가지고 있다. 말 그 자체로는 아무것도 아니라고 할 수도 있지만 누구나 말에 현혹되고 영향을 받게 마련이다. 우리는 어떤 식으로든 자신을 표현하고 싶어 하고, 자신이 하는 말의 지배자가 된 것처럼 바라봐주기를 원하기도 한다. 그렇기 때문에 그럴듯한 말을 자주 사용하는 사람들에게 깊은 인상을 받기도 한다.

우리가 아무리 많은 것들을 알고 있더라도, 실제로 활용하고 말할 수 있는 것은 빙산의 일각에 불과하다. 우리가 사용하는 말들은 자신에 대해서 많은 것들을 이야기해주지만, 그것이 항상 명확하거나 논리적이거나 지혜롭다고는 할 수 없다. 우리가 생각과 말과 글에서 사용하는 단어들에 의해 스스로 얼마나 쉽게 현혹되고 있는지, 타인에게는 어떤 영향을 주는지 깊이 생각해볼 필요가 있다.

말은 자신과 타인에게
영향을 준다

공식적인 기자 회견장에 있다고 한번 상상해보라. 기자들은 발표자에게 적절한 질문을 하려고 노력하지만, 발표자로부터 기대했던 솔직한 답변을 듣지 못할 때가 많다. 기자들은 의무적으로 자리에 앉아서 노트북 자판을 두드리고 있지만, 마음 깊은 곳에서는 집단적으로 어떤 기만행위가 벌어지고 있을 뿐이라고 느끼기도 한다. 거짓도 아니고, 진실도 아닌 어떤 말들을 듣고 있다는 느낌을 받는 것이다.

명상에서의 '분명함'이란 상호 소통을 함에 있어서 서로 거짓이 없는 상태를 말한다. 명상을 하기 위해서는 먼저 스스로에 대한 솔직함이 필요하다. 우리는 자신의 견해와 의견을 타인에게 분명히 밝힐 수 있는 능력과 '실제로 분명하다'는 표현을 쉽게 혼동한다. 기자 회견장에 선 발표자는 매우 유식하면서도 대답에 거침이 없는 것처럼 보인다. 그러나 가만히 들어보면 그 내면은 솔직하지 않아서 결코 편치 않은 마음 상태에 있다는 사실을 느낄 수 있다.

마음챙김을 하면서 우리가 말하고 있는 내용과 그것이 다른 사람들에게 주는 영향을 계속해서 주시하는 것이 지혜로운 말을 하기 위한 열쇠이다. 뒷담화를 하거나 이간질을 하거나 거만하거나 상처 주는 말을 하는 것은 건강하지 못한 자아를 드러낼 뿐이다. 지혜로운 말을 하는 습관을 들이려면 악의적이고 냉소적인 말을 하지 않도록 해야 한다. 우리는 쉽게 사회와 문화를 비판하고 불평하는 말들을 거침없이 쏟아낸다. 또 특정한 견해에 사로잡혀 있는 자신의 끔찍한 성향을 드러내기까지 한다. 그런 방식으로 자신의 존재를 확인하면서 말이다. 우리가 대화하고 있는 내용의 주제가 아니라, 입에서 나오는 말 자체가 자신에 대하여 더 많은 것들을 보여준다.

> 천한 말을 하느니
> 차라리 침묵이 낫다

우리는 상대방에게 하는 말이 오로지 상대방의 귀에만 전달된다고 착각한다. 상대에게 속삭인 말이 먼 곳까지 퍼져나가기도 한다는 사실을 알지 못한다.

천하고 악의적인 말들을 쏟아내기보다 차라리 침묵하는 편이 낫다. 마음챙김 명상을 하면, 점차 주어진 상황에 더 적절하게 말하는 자신을 발견하게 된다. 즉흥적이고 피상적인 대화는 줄어들고, 말에 지혜와 친절함이 묻어난다.

처한 환경에 보다 신중한 태도를 보이게 된다. '바르고 적절하게 말하기'는 인생에서 매우 중요하고도 굉장한 도전이다.

그렇다고 해서 지나칠 정도로 심각하거나 위축되어 깊은 주제에 대해서만 말해야 한다는 뜻은 절대 아니다. 즐겁고 훌륭한 유머와 합리적인 대화는 모두 지혜로운 말들이다. 지혜로운 말을 훈련하는 건 진실로 친절한 행위를 훈련하는 것이다. 말은 우리가 예상한 것보다 훨씬 멀리 퍼져 나가기 때문에 대화 자리에 없는 사람에 대해서 말할 때에도 그 사람이 바로 그 자리에 있는 것과 마찬가지라고 여겨야 한다. 그렇지 않다면 차라리 침묵하라.

다른 사람을 비난하는 것은 이미 그럴 의도가 우리 안에 있었다는 것을 의미한다. 말로써 다른 사람을 괴롭히고 창피를 주고 위협하려는 의도 말이다. 이것은 감정적인 잔인함이라고 할 수 있다. 또한 그런 말을 한 사람 스스로 겉으로 아무리 표정을 가장하더라도 마음속 깊은 곳에서는 자신이 상처받는다는 느낌을 지울 수가 없다.

반대로 말을 듣는 입장에서는, 듣는 말은 단지 말일 뿐이라는 사실을 잊지 말아야 한다. 사실 그 이상도 이하도 아니다. 무수히 오고가는 말들 가운데에서 평정심을 가질 필요가 있다. 우리의 두 귀 중 하나는 칭찬을 듣기 위한 것이고, 다른 하나는 비난을 듣기 위한 것이다. 그러니 두 귀는 그 중간에 존재하는 우리로 하여금 흔들리지 않는 평온함을 수행하도록, 가르침을 주기 위해 있는 것임을 잊지 말도록 하자.

친절함에
　　　　　　　대하여

"명상을 통해서 나는 단지 친절함을 배웠을 뿐이다." 명상으로 평생을 지낸 어느 성자가 이렇게 말했다. 친절하면 마음이 열린다. 닫힌 마음은 친절할 수 없다. 스스로 친절하다고 여기게 될 때 인생이 성스러워진다. 그러나 인생은 고귀한 만큼 상처받기도 쉽다. 인생이 성스럽다고 느낄수록 상처받기 쉬운 아픔을 겪을 수도 있다. 탄생의 과정을 지켜보고, 삶이 죽음을 향해 스러져가는 걸 보게 될 때, 우리와 같은 감각동물이란 얼마나 불안정한 존재인지를 알게 된다. 그 누구도, 그 무엇도 당연한 것으로 여겨서는 안 된다는 걸 깨닫게 된다.

우리는 인생의 모든 국면에 친절함을 가져올 수 있다. 친절함은 다른 이들의 행복과 안정에 기여해 만족감을 준다. 하지만 친절이 때로는 골치 아픈 일로 이어지기도 한다. 불필요한 오해를 받거나 엉뚱한 다툼에 말려들면서 말이다. 하지만 세상은 이미 분노로 충분히 가득 차 있고, 이제는 친절함이 필요한 때다.

친절함이
필요한 때

다른 사람들과 의견이 다를 수 있다. 그렇다고 그들을 향해 벽을 세워서는 안 된다. 우리의 피는 모두 한 가지 색이라는 사실을 떠올려보라. 다른 사람들이 자신과 완전히 다르다고 생각한다면, 더 이상 새로운 정보를 받아들일 수 없다. 마음이 굳어지면 깊은 느낌이 일어나는 걸 가로막는다. 자신과 타인에게 아무런 도움이 되지 않는 부정적인 판단을 하게 될 것이다. 하지만 친절함이 있다면 타인과 자신에 대한 존중감으로 기꺼이 힘든 결정도 내릴 수 있다.

어떤 이들은 친절함과 함께 살아가는 건 잘못이라고 생각하기도 한다. 친절한 사람은 어떤 경우에는 무시당하거나 이기적이고 양심 없는 인간들에게 이용당하기도 한다. 하지만 진정한 친절함은 평정심을 갖추고 있기 때문에 그런 일로 시들지 않는다. 친절함이란 '개인적 존엄성의 사회적 선언'이라고도 할 수 있다.

이런 잘못된 격언이 있다. "친절하기 위해서는 잔인할 필요가 있다." 부모들이 자식에 대한 엄격함을 합리화하기 위해서 하는 말이다. 우리는 종종 다른 사람들에게 소리를 지르거나 다그침으로써 그 사람 안에 숨어 있는 잠재능력을 깨워 행동하게 할 수 있다고 생각한다. 하지만 이는 이득보다는 손해를 줄 뿐이다. 다른 사람을 행동하게 하려면, 먼저 그들을 진실로 알고 이해하고 존중해야 한다.

친절함은 사람의 깊은 곳에 이르는 능력이며 그들을 일깨워 좀 더 높은 곳으로 향하도록 한다. 그들 자신의 가치와 능력을 알도록 돕는 능력이다. 이 능력은 마음챙겨 알아차림으로써 생겨난다. 이것이 우리가 명상 시간이든 일상생활이든 항상 마음을 챙기고 있어야 하는 이유다.

명상에서는 친절한 마음을 네 가지로 나누어 말한다. 자신과 비슷한 처지에 있는 사람에 대한 자애의 마음, 자신보다 못한 처지에 있는 사람을 향한 동정의 마음, 자신보다 나은 입장에 있는 사람과 함께 기뻐하는 마음, 타인이 어떤 처지에 있든 항상 평정심으로 대하는 마음이 그것이다. 이것을 '네 가지 한량없는 마음'이라고 부르는데, 성스러운 사람들이 살아가는 마음 상태이다.

친절함은

성스러운 마음이다

이 네 가지 마음에는 공통점이 있다. 바로 '나'라는 에고가 줄어든 마음이다. 당신은 에고가 강한 마음이 좋은가, 에고가 옅은 마음이 좋은가. 다른 사람을 봐도, 나를 돌아봐도 에고가 옅은 마음일 때 가볍고 행복감을 느낀다. 타인의 행복을 기원하고 타인의 행복에 기여하는 네 가지 한량없는 마음 상태는 에고가 옅어진 마음이다. 나와 타인이 다르지 않다는 생각이 전제된 마음이기 때문에 에고가 옅어지는 것이다.

쉴 새 없이 이어지는 온갖 참사들로 정신없고 슬픈 나날들을 보내왔다. 우리의 친구, 자녀, 부모일 수도 있는 사람들의 허무한 죽음에 각자 여러 가지 생각을 했을 것이다. 이런 상황에서 어떤 마음자세를 가져야 할까. 피해자와 그 가족들을 생각할 때면 이유를 알 수 없는 우울감, 대상을 알 수 없는 분노심, 극도의 좌절감에 휩싸일 수도 있다.

나는 앞서 네 가지 한량없는 마음 중에 우리가 최종적으로 이르러야 할 마음 상태는 타인이 어떤 처지에 있든 항상 평정심으로 대하는 마음이라고 말했다. 그 이유가 무엇일까? 타인의 극심한 불행을 대하게 될 때, 함께 우울에 빠지거나 분노에 휩쓸리는 것은 진정한 친절함이 아니다. 마음챙김을 통해서 갖추게 된 평정심으로 타인을 대할 때

"친절함은 사람의 깊은 곳에

이르는 능력이다."

진실로 우리는 타인의 불행에 도움을 줄 수 있고, 자신도 우울, 분노 또는 좌절에 빠지지 않게 된다.

명상에서 말하는 진정한 친절함은 결국 친절함의 주체인 나의 문제인 것이다. 내 마음이 평정심으로 가득 차 스스로에게 친절할 수 있을 때, 그때에야 비로소 진실로 타인에게 친절할 수 있다. 자신에게 친절할 수 없는 사람은 타인에게도 친절할 수 없다.

에세이5

매일
더
                              지혜로워진다

진짜 성공은 만족감에서 온다. 그렇다면 만족감은 어디에서 오는 걸까. 만족감은 대상의 문제가 아니라 마음의 문제라는 점을 먼저 분명히 해야 한다. 아무리 사회적으로 성공을 거두었다고 하더라도 마음이 만족하지 못한다면 만족감과 감사함이 없고, 그것은 가짜 성공에 불과하다.

　만족의 반대말은 불만족이고 불만족은 불편함이라고 할 수 있다. 불편함은 편하지 않은 마음이니 이것을 우리는 '괴로움'이라고 부른다. 위대한 명상가 붓다가 말하는 괴로움은 고통이나 아픔이라는 한정된 뜻이 아니라 살아가면서 겪게 되는 온갖 불편함들을 말한다. 인간인 이상 언제나 불편함이 있을 수밖에 없고 잠시 불편함이 사라진 듯하지만 금방 불편한 상태로 다시 돌아오기 마련이다. 그러니 '불편함'은 인생의 기본 모드다.

　그렇다면 우리 인생의 기본 모드인 불편한 상태를 불편함이 없는 상태로 바꾸지 않는 한 괴로움은 없앨 수 없고 만족한 상태가 될 수도 없다. 불편한 상태를 없애는 것은 우리의 자세 문제이지 대상의 문제가 아니라는 사실을 깊이 이해해야 한다. 그러므로 우리가 살아가는 기본 자세가 어떤지를 다시 생각해볼 필요가 있다.

　누구나 몸과 마음을 가지고 세상을 살아간다. 우리의

몸과 마음에는 세상과 접촉하는 여섯 가지 감각기관이 있다. 눈, 귀, 코, 혀, 피부, 뇌 여섯 개다. 이것들 말고 달리 세상을 받아들이는 문이 우리에게는 없다. 세상을 받아들이는 여섯 개의 감각기관이 열려 있는 이상 본인이 원하든, 원하지 않든 바깥세상과의 접촉이 있을 수밖에 없고, 접촉을 함으로써 느낌이 일어난다. 여기까지는 인간이라면 선택의 여지가 없고 예외가 없다.

그런데 느낌에는 좋은 느낌, 좋지 않은 느낌, 그저 그런 느낌 세 가지가 있다. 여기서부터가 문제의 시작이다. 우리는 좋은 느낌에는 더 가지려는 욕심으로 반응하고, 좋지 않은 느낌에는 밀어내려는 화로 반응하며, 그저 그런 느낌에는 그저 그렇게 반응한다. 욕심과 화, 또는 잠재된 욕심과 잠재된 화로 반응하는 것이다. 욕심이 채워지지 않을 때는 화가 나기 마련이고, 그저 그런 반응은 언제든지 욕심이나 화로 표출될 수 있는 잠재된 마음이다. 결국 욕심 하나로 귀결된다. 자신에게 일어나는 느낌을 순수한 느낌으로 대하지 못하고 늘 욕심이나 화로 반응하면서 실패하게 되는 것이다. 말하자면 항상 '오버슈팅overshooting'한다. 그렇게 오버슈팅하면서 불만족과 실패를 거듭한다. 그러니 만족을 통해서 진짜로 성공하려면 현재 일어나는 느낌에서 멈추어야 한다.

그럼 어떻게 현재 일어나는 느낌에서 멈출 수 있는가? 어째서 우리는 항상 오버슈팅하는가? 현재 일어나는 느낌에서 멈추려고 마음먹는다고 멈춰지는 것이 절대 아니다. 여기에는 기술이 필요하다. 그것이 바로 지금 이야기하고 있는 명상의 기술이다.

진정한 멈춤은 이해를 통해서만 가능하다. 멈추기 위해서는 그 대상인 느낌에 집착할 만한 가치가 없다는 사실을 진실로 이해해야 한다. 이를 이해하기 위해서는 느낌을 깊이, 더 깊이 보아야 한다. 좋은 느낌은 좋은 것이고, 좋지 않은 느낌은 좋지 않은 느낌이다. 그 사실을 부인하는 것이 아니다. 좋은 느낌을 연장하려 하고, 좋지 않은 느낌을 당장 봉쇄하려 하는 내 마음의 자세가 문제라는 것이다.

좋은 느낌이든 좋지 않은 느낌이든 깊이 들여다보면, 그것은 항상 변화를 벗어나지 못하며, 그렇기 때문에 항상 불안정하고, 내 마음대로 되는 것이 아니라는 진실을 발견하게 된다.

항상 변화하는 대상에 진정한 가치가 있을까? 우리가 욕심을 내거나 화를 내는 대전제에는 그 대상이 욕심을 내거나 화를 낼 만한 가치가 있다는 생각이 깔려 있다.

결국 우리가 명상을 함으로써 나의 자세를 바꾸어서 진정으로 욕심이나 화를 줄여가기 위해서는 그 대상에 욕심이나 화를 낼 만한 가치가 없다는 것을 '체험'을 통해서 진정으로 '이해'하여야 하는 것이다. 그러한 체험이 우리가 마음챙김 명상을 통하여 얻고자 하고, 얻게 되는 체험이다. 그러니 명상을 통하지 않고서야 달리 어떻게 욕심이나 화를 줄일 수 있겠는가?

자주는 아니더라도 스스로 '내가 지혜롭다'라고 여겨지는 순간을 경험해보았을 것이다. 그 순간의 느낌이 어떠한가. 굳이 말로 표현하자면, 균형감 있고, 적절하며, 효율적이고, 가볍다는 느낌이었을 것이다. 자신이 정말로 지혜로운지는 자신만이 알 수 있다. 모든 '진짜' 느낌들은 다른 사람에게 말로 표현해서 그대로 전달할 수 없고, 스스로 느낄 수 있을 뿐이다.

명상을 통해서 우리는 끊임없이 매일 이어지는 일상생활에서 승리할 수 있고, 인생 전체에서 승리할 수 있다. 결국 인생의 각 부분들을 이해해야만 인생 전체를 이해할 수 있는 것이다.

명상을 통해서 얻게 되는 여러 가지 통찰들 중 하나는 인생은 거대하고 추상적인 이론이 아니라 우리가 경험하고 울고 웃는 일상의 구체적인 현실 가운데 있다는 사실이다. 이 사실을 명상을 하지 않는 사람들도 머리로는 알고 있을 수 있겠으나, 명상을 통하지 않고서는 내 것으로 체득할 수 없다고 생각한다.

지금도 나는 매일의 명상수행을 통해서 내 인생이 나에게 주는 구체적이고 현실적인 가르침과 통찰을 스스로 배워나가고 있다. 그 가르침과 통찰은 추상적이고 모호한 게 아니라 당장 내가 수행하는 변호사 업무와 가족을 비롯한 인간관계에서 매순간 좀 더 나은 대처를 하고, 더 나은 결과를 얻게 해주는 매우 구체적인 것들이다. 말하자면 명상수행을 통해서 내가 모든 면에서 더 지혜로워지고 있다는 느낌을 매번 확인하고 있다.

실제로 내가 하고 있는 변호사 업무와 매일 마주치는 인간관계 속에서 정답을 찾기 어려워 헤맬 때, 나는 일부러 그것들을 잠시 옆으로 비켜놓고서 명상을 한다. 일종의 '딴짓'을 하는 것이다. 그럴 때마다 신기하게도 해답이 찾아오는 경험을 한다. 내가 해답을 구해서 찾아내는 게 아니라 명상을 함으로써 그 해답이 내게 다가온다. 그리고 그 해답은 언제나 옳다. 그러니 매번 이런 정답을 내어주는 명상수행을 하지 않을 수 없게 되었다.

또 매일의 명상수행을 통해서 얻게 되는 지혜들 중 하나는, 이 세상은 내게 행복을 가져다주기도 하지만, 위험하기도 한 곳이라는 사실을 이해하는 지혜이다. 위험성을 아는 사람은 한층 조심스럽고, 조심스러운 사람은 겸손하다. 겸손한 마음은 항상 타인에게 친절함을 표현한다. 다시 말하면 명상을 통해서 우리는 친절해진다. 친절함은 인간관계에서 가장 중요한 덕목이므로, 명상을 함으로써 타인과 좋은 인간관계를 맺게 되는 것이다. 매일 사람을 상대하는 직업인 변호사 업무에 있어서 겸손과 친절보다 더 좋은 영업 수단은 없다는 걸 매일 절감하고 있다. 그러니 명상수행을 할 수 있다는 사실에 깊이 감사할 수밖에 없다.

나는 내 문제에 관한 한 세계 최고의 권위자이다. 그리고 내 마음은 나의 좋은 친구이다. 아니, 내 마음만이 진정으로 나의 좋은 친구이다. 외부에 의존하지 않고서도 우리는 얼마든지 명상을 통해 인생이라는 교실에서 더 많은 것을 배우고, 매일매일 보다 나은 인간으로 발전할 수 있다.

그러니 명상이라는 이 멋진 여행에 부디 즐거운 마음으로 동참해 보시기를!

마흔이 되기 전에 명상을 만나라

1판 1쇄 발행 2025년 6월 26일
1판 2쇄 발행 2025년 8월 22일

지은이 최순용
발행처 (주)수오서재
발행인 황은희, 장건태
책임편집 박세연
편집 최민화, 마선영
마케팅 황혜란, 안혜인
디자인 형태와내용사이
제작 제이오
주소 경기도 파주시 돌곶이길 170-2 (10883)
등록 2018년 10월 4일(제406-2018-000114호)
전화 031)955-9790
팩스 031)946-9796
전자우편 info@suobooks.com
홈페이지 www.suobooks.com
ISBN 979-11-93238-70-7 03100
책값은 뒤표지에 있습니다.

ⓒ최순용, 2025

· 이 책은 저작권법에 따라 보호받는 저작물이므로 무단전재와 복제를 금합니다.
· 이 책 내용의 전부 또는 일부를 사용하려면 반드시 저작권자와 수오서재에게 서면동의를 받아야 합니다.